U0592421

陇东蒲河流域石窟及造像调查研究

——以田园子石窟、薛李石窟为中心

甘肃省文物考古研究所　编著

科学出版社

北京

内 容 简 介

本书是对甘肃陇东地区蒲河流域最新发掘出土田园子石窟和调查新发现的薛李石窟、柳州城石窟及申家山石窟等几处石窟寺遗存的考古报告。基于传统石窟寺考古方法，运用数字化模型重建的技术来记录石窟寺，综合展现石窟寺建筑和佛教艺术的内容，并通过对相关石窟寺遗存及出土佛造像的对比研究，从宏观上探讨蒲河流域石窟及造像佛教艺术的交流和传播及丝绸之路东段北线上古道支线交通等问题。

本书适合从事佛教石窟寺考古、佛教美术研究及爱好者，高校、科研院所及文博单位相关研究者阅读参考。

审图号：甘庆S（2023）06号

图书在版编目（CIP）数据

陇东蒲河流域石窟及造像调查研究：以田园子石窟、薛李石窟为中心 / 甘肃省文物考古研究所编著. —北京：科学出版社，2023.8
ISBN 978-7-03-076299-3

Ⅰ．①陇…　Ⅱ．①甘…　Ⅲ．①石窟–石刻造像–调查研究–甘肃
Ⅳ．①K879.34

中国国家版本馆CIP数据核字（2023）第169550号

责任编辑：王　蕾 / 责任校对：邹慧卿
责任印制：肖　兴 / 封面设计：美光制版有限公司

科 学 出 版 社 出版
北京东黄城根北街 16 号
邮政编码：100717
http://www.sciencep.com
北京汇瑞嘉合文化发展有限公司 印刷
科学出版社发行　各地新华书店经销
*
2023年8月第　一　版　开本：889×1194　1/16
2023年8月第一次印刷　印张：11 1/2　插页：36
字数：460 000
定价：198.00元
（如有印装质量问题，我社负责调换）

本书是国家社会科学基金一般项目

"甘肃泾河流域新发现佛教遗存的考古学研究"

（项目批准号：21BKG007）的成果之一

本书的出版得到2022年国家文物保护专项资金经费的资助

《陇东蒲河流域石窟及造像调查研究

——以田园子石窟、薛李石窟为中心》

编 委 会

主 编：郑国穆

编 委：吴 莛　王博文　陈娇红

马洪连　孙 征　王少博

目　　录

插 图 目 录

图 版 目 录

第一章 概　　述

第一节　考古工作概况

一、考古工作情况

2017年3月18日，甘肃省庆阳市镇原县方山乡蒲河行政村田园子自然村村民在修路拓宽村道施工时，意外暴露出一处石窟寺遗存，镇原县文体广电和旅游局（以下简称县文旅局）接到通知，当即报告甘肃省文物局。受省文物局委派，甘肃省文物考古研究所指派专业人员主持发掘工作。同时，按照抢救性考古发掘的一般程序，向国家文物局及时上报申请发掘执照。发掘工作中，严格按照考古操作规程和相关技术要求进行抢救性科学发掘，共计清理出土4个洞窟。随后，又在田园子附近的蒲河流域开展石窟寺专题调查，新发现了薛李石窟、申家山石窟及柳州城石窟。

（一）田园子石窟遗址的发掘清理

新发现的石窟遗址位于庆阳市镇原县方山乡蒲河行政村田园子自然村，在蒲河支流官路沟水西侧砂石崖面上，大致呈西北—东南向分布，故命名为"田园子石窟"（图一、图二）。暴露出土的石窟所在地原属黄土堆积的土坡，是田园子自然村村民通往方山—镇原县级公路的出入村道，多年来一直是宽不过2米的小道。2017年3月，在新农村建设中的"村村通"工程中，村委会组织村民集体修路，动用铲车拓宽边坡路面，路面内侧斜坡面上塌陷暴露出洞窟，可见佛像头部及部分身体。修路的村民们随即自发清理洞窟大部分遗存，并哄抢了部分洞窟地面露出的青铜佛造像等遗物。村委会主任及时制止了这些行为，并报告县文化主管部门。县文旅局及时通知镇原县博物馆工作人员赶赴现场，收缴全部出土遗物并入藏博物馆，并向省文物局汇报情况，请求指派专业人员赴现场指导发掘工作。省文物局领导高度重视，及时安排省文物考古研究所郑国穆负责，于22日赶赴现场进行发掘。

县文旅局高度重视考古发掘工作。局长李兆咸、分管文物工作的副局长刘淑兰等积极和方

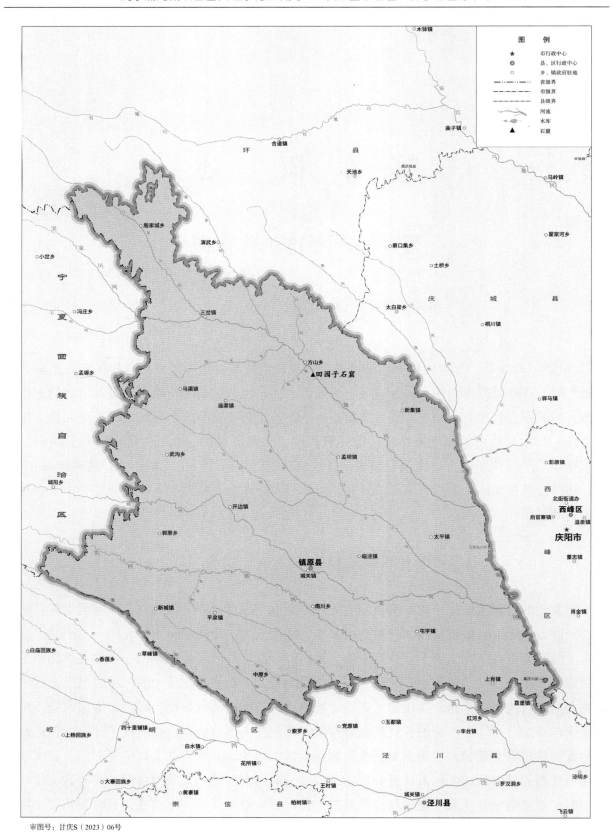

图一　田园子石窟位置示意图

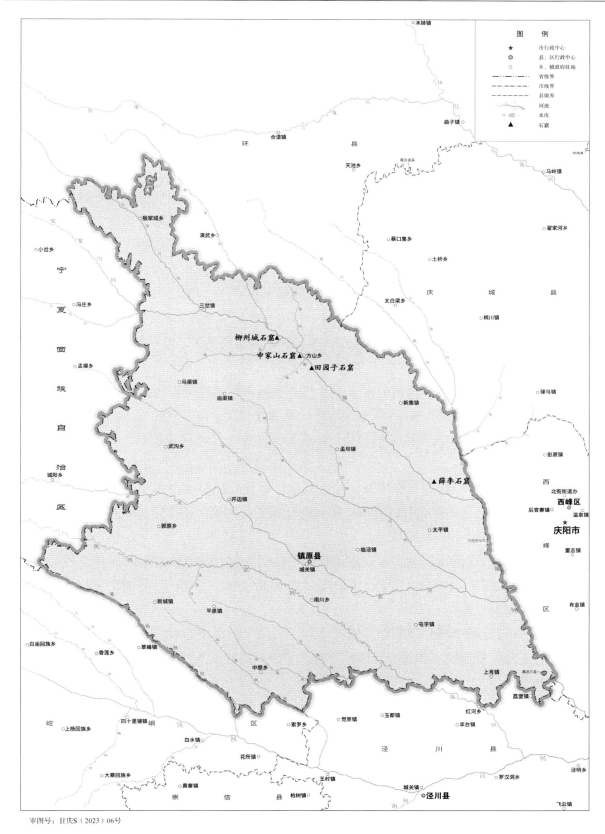

审图号：甘庆S（2023）06号

图二　田园子石窟、柳州城石窟、申家山石窟及薛李石窟位置示意图

山乡政府协调，安排方山乡派出所出警力24小时值守，做好发掘现场的文物安全工作。县文旅局在现场召开会议，成立了由省、市、县、乡、村的文物、公安等相关人员组成的考古发掘小组开展考古工作。县博物馆馆长王博文安排馆内业务人员积极配合发掘，做好发掘中的后勤工作。郑国穆作为田园子石窟的考古发掘项目负责人，勘查分析已经暴露的考古遗存现状，根据现场实际情况，为科学有序保护出土文物遗存，及时登录国家文物局考古发掘申报系统提供资料，及时申报考古发掘执照，同时根据抢救性考古发掘工作的特点，制定具体可操作的工作方案，方案如下。

首先，根据实际情况制定考古发掘时间：2017年3月底至4月初。根据现场暴露的实际堆积范围，确定实际考古发掘面积为270平方米。结合现场考古工作的实际工作分工需要，制定了详细的工作方案。参加发掘的工作人员有：甘肃省文物考古研究所郑国穆、马更生，镇原县博物馆王博文、陈娇红、王少博、祁英杰等。人员分工安排：郑国穆，考古发掘项目负责人，主持发掘，全面负责发掘中的各项工作，主要负责照相、测绘、记录等；王博文，参与发掘，主要负责安全管理及后勤协调等；陈娇红、王少博、祁英杰，参与发掘，主要负责现场考古工作的后勤等；马更生，司机，负责考古队往来发掘点与所住地县城的交通，发掘用品的采购运输等。

其次，细化具体实施步骤。

（1）在县文旅局、县博物馆的配合下，严格按照田野考古操作规程和技术要求，开展抢救性发掘清理。全部清理覆盖在石窟上的地质滑坡掩埋土层，使石窟崖面、洞窟开口及壁面造像全部暴露，科学记录考古发掘资料，登记出土相关文物，及时移交馆藏，确保遗址本体及文物的安全。

（2）及时搭建临时性围栏保护棚，防止窟顶部因砂石层结构性间隙不稳定而造成塌陷的风险。对窟顶冒顶危岩采取临时性简单支顶。在石窟周边构筑保护围栏，以防周边村民的人为触摸而破坏石窟造像本体的文物安全。

（3）由县文旅局及时报请县政府申请公布为县级文物保护单位，划定保护范围及建设控制地带，指定文保员，加强保护管理。同时，及时报请上级主管部门指导制定文物保护方案，尽快开展文物本体的保护工程。

（4）在石窟现场清理结束后，对发掘点所在地蒲河沿岸相邻地域开展针对性的石窟专题调查，以期更大可能地厘清蒲河流域佛教石窟艺术的风格特点及其交流传播路线，为后续的相关研究提供线索。

在现场发掘工作中，首先对施工中已经暴露的2个洞窟（编号2、3号窟）进行彻底清理，做好文字记录、资料提取和地层分析。及时跟进调查，了解考古工作未进场前的情况：村民施工的过程、施工中暴露石窟时的现状，3号窟地表出土铜造像等文物时的地层堆积情况等，都补充记录到发掘记录表和工作日志中，这些作为后续研究有关石窟寺的地质构成、地貌变化及历史地理环境等的背景资料，显得十分重要。其次，在已经暴露的2、3号窟的外围进行地表考古勘查，发现是否有新的未曾暴露的考古遗迹现象。功夫不负有心人，我们终于又发现了新的考古迹象。经过科学发掘，又清理出2个洞窟（编号1、4号窟）。

在2号窟南侧间隔约2.6米处的石质崖面中，被后期山体滑坡的黄土堆积掩埋覆盖，仅从不易察觉的黄土覆盖露出的留有人工凿痕的岩石面分析可能有遗迹现象，经过清理找到了洞窟门洞，随即清理堆积土层和整个洞窟的崖面，暴露出洞窟外围的低台和洞窟拱形门洞的阴刻线装饰雕刻痕迹，后期掩埋时黄土从洞口斜向涌入洞窟，堆土从洞口往洞内呈斜坡状堆积。这就是1号窟的发现和清理过程。

另外，在位于3号窟的东北大约2.9米处的村道斜坡路面以下，村民反映此处长期潮湿，容易积水下陷。我们观察此处地面与其他地方不同，相比周边稍微低陷且土层比较潮湿。现场调查中，在靠近崖面的近路面内侧斜坡处崖面有人为凿痕，还有疑似平面呈90°拐角的痕迹，是确定无疑的人工开凿崖壁转角的遗迹。对此可疑地面进行清理，最终出土洞窟，证实了其窟顶已遭早期修路破坏，早已成为村道的路面，村民经常踩踏在洞窟上面，对洞窟顶部破坏严重。这就是调查、发现及清理4号洞窟的过程（图三、图四；图版——图版九）。

根据现场发掘的考古地层、埋藏堆积的特征及对当地地貌、历史的调查了解情况分析推测，田园子石窟系开凿使用一段时期后，石窟所在官路沟西侧崖面的上部黄土堆积山体突发性地质灾害，将洞窟一次性整体掩埋。在以往的县城通往乡政府的公路修建过程中，也"侥幸"未曾扰动到石窟，直到本次村民动用机械修路，拓展路面才使深埋地下的洞窟暴露出土。

本次清理出土4个洞窟，坐西向东，自南向北依次编号，其中：1号窟平面呈方形，拱形窟门及窟内四壁、顶部均完整，清理后期流沙堆积后，只有窟内后部地面有灰烬层，四壁未雕造像，初步分析为当时僧人用作禅修或者居住的洞窟；2、3、4号窟均为佛窟，平面呈长方形，

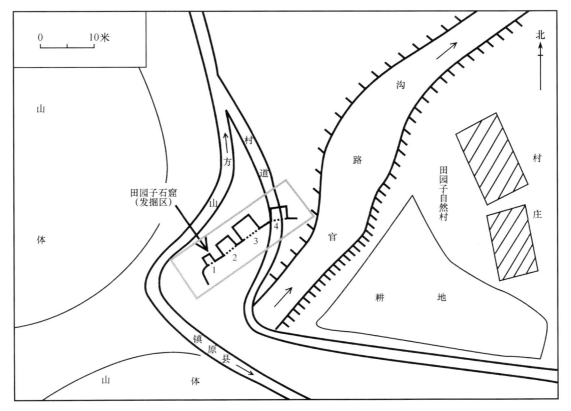

图三 田园子石窟发掘位置示意图

图四　田园子石窟抢救性发掘后的现场情况

窟内壁面雕刻坐佛、侍立菩萨、交脚菩萨及狮子等形象，为表现过去、现在及未来的"三世佛"佛教思想的造像题材。尤为重要的是，在3号窟内地面后期掩埋堆积沙土中清理出土铜佛造像6件，石造像碑1件、造像塔1件，佛像画像石1件，五铢钱1枚。

该石窟除1号窟洞窟形制保存完整外，其余洞窟均坍塌十分严重，2号窟残存部分为穹窿顶，3、4号窟顶部破坏基本不存。各洞窟的造像表面均有不同程度的风化模糊。

初步分析推测，石窟开凿使用一个时期后，由于砂石质崖面易受风化，面目五官及身体的细部已模糊不清，但由于滑坡掩埋之故，造像再未遭受后期自然风化和人为破坏的侵扰，所以造像保存的造型样式仍基本清晰可辨。

（二）蒲河流域石窟寺考古调查

为进一步厘清田园子石窟的源流及其所在蒲河流域佛教石窟艺术的分布情况，有必要对田园子石窟发掘点相邻地区做全面的石窟寺专项考古调查。在县文旅局、县博物馆及方山乡政府的大力支持下，田园子石窟遗址发掘项目负责人广泛征询考古线索，逐步探听落实，利用考古发掘的间隙，在线索人的带领下实地考察，收获很大，有新的发现和认识，对于我们综合分析蒲河流域石窟寺考古的分布现状及佛教文化传播交流的路线等研究有重要意义。

本次蒲河流域的石窟寺专项调查，是以田园子石窟发掘为契机，调查的中心是以田园子石窟所在的田园子村为出发点和相对位置，在其西北约6千米处的三岔镇石咀行政村柳州城自然村蒲河南岸台地边缘发现了柳州城石窟，石窟寺依靠山体开凿，山脚下就是宋代柳泉镇城址所在。G309从紧邻石窟寺所在的柳州城址中部经过，往西经三岔镇到达宁夏固原市，往东经太白梁乡、桐川镇可通庆城县。从现场堆积残破建筑构件和上下几层的洞窟看，当时石窟寺的规模应不小，而且历史上使用时间很长，初步分析其开凿年代可能早到北魏时期，应该不晚于柳泉古城的建城时间，废弃年代可能到清代。

在其西北约2千米处的方山乡政府对面的申家山北坡发现一处石窟——申家山石窟，G309路紧邻石窟寺建设，往西经三岔镇到达宁夏固原市，往东经太白梁乡、桐川镇可通庆城县。20世纪早期拓修道路多次，曾炸毁大部分洞窟。现仅残存2个洞窟，平面基本呈方形，窟龛形制保存基本完整，窟内三壁均为一佛二菩萨，上部均有成排小龛残迹，可能原为千佛题材，造像风化模糊不清。

在其东南约28千米蒲河北岸的新集镇王寨村薛李庄自然村塬塬的黄土塬边缘坡底下，接近蒲河老河床的崖面上也发现一处石窟——薛李石窟，大致为坐东北面西南的2个洞窟，相距约120米，近北侧的一个洞窟为中心塔柱式方形洞窟，四壁风化，龛及造像仅存轮廓痕迹。只有中心塔柱四面龛内的造像保存基本完好，为一佛二菩萨及"二佛并坐"题材。南侧的另一洞窟为平面横长方形的洞窟，正壁及左右壁各开大龛，三壁造像仅存石胎轮廓，细部特征因为风化严重，已模糊不清。

根据形制、题材及样式初步判断，申家山石窟、薛李石窟为北魏时期的佛教遗存，柳州城石窟现存遗迹也有早期北魏的特点。新发现的这三处北魏时期的小型石窟，为进一步探究蒲河流域石窟分布及佛教艺术传播提供了最新资料。

二、三维模型信息采集及数字化工作

数字化技术引入石窟寺领域，从21世纪初前后计，已逾20年。敦煌、云冈、龙门、大足等石窟，在21世纪前后陆续开展的考古工作中，均不同程度地引入过数字化技术，作出了宝贵探索。

石窟寺文物遗迹特别复杂，包括开凿工程、建筑营造、佛教造像、佛教壁画，以及存续使用期间自然和人为导致的新旧叠压等复杂遗迹，实测记录不易，在一定程度上制约着石窟寺考古工作的进展。

用数字化技术进行测量，首先是采用激光扫描或多图像拍摄技术对洞窟进行全方位信息采集，通过算法获得精确的三维建模，把石窟转化成数字形态，然后根据三维模型，获得传统石窟寺考古要求的包括洞窟平面、剖面、立面、各壁面的数字测图——正射影像图，用作传统石窟测绘线描图的底图，最后再清绘形成考古线图，完成复杂洞窟内外的遗迹测量。

为了对抢救性发掘清理的田园子石窟及出土造像文物和调查发现的薛李石窟等进行更好的研究及保护，对田园子石窟、薛李石窟进行全面的基础信息采集及处理工作，并制作各类影像线图，采用多种先进技术手段进行数字化工作，既打破传统的文物保护及资料存储方式，又通过更加新颖的模式来传承文物所蕴含的价值，这是非常好的文物保护工作的技术模式。通过数字化采集工作，能够将石窟的文物资料永久留存，保存石窟完整、立体的数据，用以辅助后期研究、利用和展示工作的开展，采集方式为非接触式，不会对文物本体造成损害。

对田园子石窟1—4号洞窟形制、造像及3号洞窟出土的铜、石造像，以及薛李石窟1、2号窟等遗存进行全部的三维激光扫描数据采集，再结合近景摄影测量技术采集以上各石窟及造像的表面高分辨率的纹理数据，确保全面采集所有石窟遗存单位的三维数据，经过对多源数据综合处理，完成对石窟遗存的三维数字化工作。后期再以构建的石窟遗存三维模型为基础数据，绘制出石窟所在各个洞窟内外各壁面的平面图、立面图及洞窟剖面图、剖视图，还有出土的铜、石造像的实测线描平面图、立面图及剖视图等。

本项目的实施，其技术方案如下。

1. 搭建数据采集平台

为了确保全面采集石窟三维数据，本项目需搭建采集支架，以便获取高位数据，保证数据的完整性。

2. 三维激光扫描

使用三维激光扫描仪对洞窟整体，洞窟内石刻、造像进行三维结构采集。三维激光扫描技术是利用激光测距的原理，通过记录被测物体表面大量密集的点的三维坐标信息和反射率信息，将被测对象的三维数据完整地采集到电脑中，进而快速复建出被测目标的三维模型及线、面、体等各种图件数据。

三维激光扫描作业的标准，严格参照《地面三维激光扫描作业技术规程》（CH-Z 3017-2015）、《三维地理信息模型数据产品规范》（CH-T 9015-2012）、《三维CAD软件功能规范》（GB-T 25108-2010）、《三维地理信息模型数据产品质量检查与验收》（CH-T 9024-2014）等标准。

3. 近景摄影测量

在目前最高分辨率的扫描状态下，对于细部的分辨处理仍然不能满足要求，尤其对不同材质的物体无法做到很好地辨认，本项目采用近景摄影技术获取石窟内壁面、中心柱及窟内精细表面数据，通过近景摄影测量等方式，结合三维数据进行三维模型重建。

本项目作业现场为石窟内部，其光照较差，导致采集数据产生较大偏差，通过搭建灯光支架，进行人工补光，在稳定的光场环境下采集完整、真实的纹理信息。影像质量要求：影像应清晰，层次丰富，反差适中，色调柔和；应能辨认出与分辨率相适应的细小特征，不得有色斑、大面积坏点及曝光过度等情况，影像上不应有大面积反光、污点等缺陷，满足纹理贴图要求。

4. 数据处理

影像数据，为确保整个摄影数据色彩的统一性，采用专业软件对原始数据进行匀光匀色工作，对影像进行色彩、亮度、对比度的调整处理，使影像能展示石窟表面的真实纹理，色彩不失真。

点云数据，三维激光扫描系统采集的数据为点云数据，点云数据处理一般包含下面几个步骤：噪声去除、配准、多视对齐、数据精简等操作。噪声去除指除去点云数据中扫描对象之外的数据；配准是指将多站扫描数据配准在一起形成完整的点云模型；多视对齐指被测件过大或形状复杂，多次不同位置、多视角扫描数据拼接配准，同时点云需要对齐；由于点云数据量非常大，存在大量的冗余数据，数据精简是在不影响曲面重构和保持一定精度的情况下，去除冗余数据，进而提高建模效率和建模质量。

三维重建，点云是空间不规则的离散点构成的，这些点云之间并没有构成文物的实际表面，需要通过特殊的算法来恢复石窟表面的拓扑关系，进行曲面重构。构建表面三角网模型是比较常用的方法，三角网模型表现石窟更精细、准确，但数据量比较大。本项目采用构建三角网的方法进行曲面重构，重构石窟表面的拓扑关系。

纹理映射，又称纹理贴图。是将纹理空间中的纹理像素映射到屏幕空间中的像素的过程。通过纹理映射能够将曲面重构后的裸模进一步还原成具有真实纹理色彩的石窟三维模型。直接通过点云模型进行数码影像的纹理映射，分辨率低，不能满足应用方面的要求。因此，本次项目中点云拟合成三维模型后，通过数学模型，实现三维模型和数码影像的纹理映射，实现三维模型与影像纹理的数据融合，形成真彩色三维模型。

5. 文物数据管理系统

文物数据管理系统是多功能的三维数据管理系统智能化管理和支撑平台，改变了传统文物管理方式，提高了文物利用和管理水平。

文物数据管理系统以管理工作为中心，以文物数据资料为基本信息核心，对文物资料进行全面科学的研究并实施管理。既要对各种资料统一管理，又要分门别类，支持文物数字化各类成果资料数据的存储管理。

为了保护文物，在研究过程中尽量减少在文物单位现场接触式的工作频率，这样一来，管理系统使用频率就很高，故文物管理系统需要有操作简便、运行稳定、安全性强等特性，以满足相关工作人员或操作人员的需求。

现代技术的三维扫描建模能最大限度地构建准确的空间比例，确保精准地复原数字化石窟的空间内涵，但是由于光线不足、风化模糊等外因影响，三维扫描构建模型可能对石窟及其造像的局部细节处理得不够精细到位，比如造像的衣饰线条、面部细节等。在利用三维模型导出二维线图时，在对石窟造像细部的处理上，现代科技手段不如手工绘图观察理解的到位，需要我们考古工作者现场对石窟造像时代、艺术特征进行仔细的观察理解，了解遗迹间的相互关系，指导操作电脑软件的绘图员反复修改校对，通过手工绘图的原理和手法在局部做特别处理以弥补其不足，这样反复的校正才能确保精准表现石窟造像的时代、艺术特点及其内涵。数字化记录的是石窟寺遗迹的质感、色彩、风化、残损等全面信息，远较传统测量所得的精准。数字测图是对遗迹全貌的客观记录，而清绘线图是表达考古工作者对遗迹的主观认识。从数字测图到清绘线图，可见两种内容表达的差异，我们就是在传统手段和现代技术二者相辅相成的结合中求得最好的记录效果。

本项工作全部委托陕西十月文物保护有限公司，开展三维扫描数字化采集工作。在项目实施过程中，田园子石窟抢救性发掘项目负责人代表甘肃省文物考古研究所全程跟进工作，对项目委托前期的技术要求、成果形式及预期成果等实施步骤都严格把关，确保对田园子石窟、薛李石窟等遗存数字化采集工作的圆满落实。

通过一系列不同手段的信息采集工作，留取较为全面翔实、精准到位的第一手资料，为田园子石窟、薛李石窟等后续开展研究、保护和利用等工作提供有力的数据支撑。

三、现场文物保护及后续保护规划工作

田园子石窟在蒲河支流官路沟水西侧砂石崖面上开凿。石窟顶部为镇原县—方山乡的公路，在石窟顶部再往南为下山路段，车辆经过时均为滑行下坡，车辆过往车速变化带来的振动明显，另外本地长期有采砂、拉砂的大型货运车过往，长年累月的超载车辆过往时产生的不间断振动，还有历史上可能的地质环境影响，造成石窟所在的崖体结构失稳，岩石裂隙发育明显（图五）。这种情况对石窟本体造成影响，最为明显的是2号窟窟顶中部早有坍塌、旋顶，窟壁、窟顶周围裂隙遍布，时有碎石掉落现象（图六）。3号窟窟顶早已坍塌、旋顶，大部分不存。4号窟顶部因埋在早年的路面下，在早先修路中已经被铲除破坏。

田园子石窟自从抢救性清理发掘出土以来，除了面临所处的公路上车辆来往带来的不间断振动所造成的洞窟所在岩体裂隙不断发育对石窟整体的损坏之外，还有一个重要的、最为致命的影响，即石窟造像本身的因素，就是田园子石窟开凿造像本身的石质是砂岩质，是由极细的砂质颗粒胶结而成的，本身遇到水分极易风化呈粉末状脱落，这种风化脱落是长年累月逐渐进行的，对石窟内，尤其造像造型突出的、微小的、细节部分的影响最为明显，在短时间内我们就会通过肉眼观察到，这种情况在田园子石窟4号窟的造像中表现尤为明显。

记得2017年3月中旬，我们在现场清理发掘时，正值天空飘着小雪花，由于天气已经转暖，雪花落地瞬间就化，路面显得湿滑，空气中水分也很足。4号窟是在早年路面的下方，长期以来由于地陷渗水原因，我们发现遗迹后，在其清理出土过程中，最先出露的佛像头部是潮湿的，砂石质佛头就像我们常见的一堆细砂被水浇透后瞬间凝固成一块的样子，看似是一个整体，实则是随时都会极易碎成粉末的状态。随着出土以后暴露在空气中，佛头逐渐透气干燥，变得坚固起来。但最终整个洞窟造像、龛形都露出，砂石质的造像及龛形的细部雕凿等脆弱的部分完全暴露在空气中，随着每天的早晚温差变化，空气中水分的变化，反复的温湿度交替变化，使得造像整体的表面砂石层产生物理性质的变化，风化变化造成的表面粉末化脱落就

图五 田园子石窟抢救性发掘后的窟前现状

逐渐明显。这些是几个月内发生的微妙变化，是我们在发掘结束几个月后再次到现场做三维数据采集时，明显感觉到和几个月前刚刚清理出土时的不同之处。这是经历了发掘清理工作的考古工作者的切身感受。

综上，田园子石窟的现状，危害最为明显就是崖体结构失稳，窟壁岩石裂隙发育造成的坍塌、旋顶及开裂，还有造像整体及窟形局部长期受制于温湿度反差变化导致的风化、粉末状脱落的问题。

为此，我们在进行考古工作时，积极向县文物主管部门及政府奔走呼吁，在各项事业开展资金紧张、捉襟见肘的情况下，仍然积极安排协调各方，尽快给石窟本体搭建了遮风挡雨、安全防护的彩钢围栏保护棚（图七），解决了石窟处于路边安全隐患大的问题，也临时解决了石窟本体面临的淋雨加剧风化的问题。当然，这些措施都是临时性的保护应急措施。从长远考虑，还需要镇原县文物保护部

图六 田园子石窟2号窟窟顶中部坍塌、
旋顶、裂隙等病害

图七　田园子石窟抢救性发掘后的窟前彩钢围栏保护棚

门积极协调，争取专业途径的专项资金支持，在专业文物保护团队的专项调查下，制定可行的、有针对性的文物保护方案，在密切监测环境变化和文物本体变化的前提下，采取成熟、稳定的技术路线指导下的文物保护技术手段予以解决问题。

第二节　地理环境及历史沿革

镇原县，位于甘肃省东部，庆阳市西南部，东临庆城县、西峰区，西接宁夏回族自治区固原市彭阳县，南接平凉市泾川县、崆峒区，北靠庆阳市环县。地理位置为北纬35°27′—36°16′，东经106°44′—107°36′。南北长91.2、东西宽78.3千米，总面积3506平方千米。2015年，撤销临泾乡，设立临泾镇。2015年12月，撤销新城乡，设立新城镇。2019年，撤销新集乡、马渠乡、庙渠乡，设立新集镇、马渠镇、庙渠镇。截至2020年6月，镇原县下辖13镇、6乡：城关镇、屯字镇、孟坝镇、三岔镇、平泉镇、开边镇、太平镇、临泾镇、新城镇、上肖镇、新集镇、马渠镇、庙渠镇、南川乡、方山乡、殷家城乡、武沟乡、郭原乡、中原乡，共215个行政村、5个社区、1991个村民小组①。

---

① 新城撤乡建镇，镇原县人民政府，2015年8月31日；2019年中华人民共和国县以下行政区划变更情况，中国政府网，2020年4月21日。

（一）地理环境与地形地貌

地质构造上，镇原县境内属于关山至六盘山褶皱带以东的鄂尔多斯台区，西北出现断陷盆地，陇东、陕北和宁夏、内蒙古部分地区形成鄂尔多斯盆地（陕甘宁盆地），西北的东部形成黄土平原。地质运动使黄土平原挠曲和隆升，将原黄土堆积的低平盆地抬升为黄土高原。河流冲击逐渐形成沟壑区，境内塬面黄土层厚度在160—240米。

地形地貌上，镇原县境内属黄土高原沟壑区，境内山川塬兼有，沟峁梁相间，地势西北高东南低，平均海拔1456米，最高点海拔1767米（三岔镇的老爷山），最低点海拔1011米（上肖乡的毛河），相对高差756米。黑河、蒲河、交口河、茹河、洪河、潘杨涧河6条河自西北向东南流。镇原县大体分为三个区域：黄土高原沟壑区，面积约1484平方千米，占总面积的48.9%，五条塬面均为东南走向，中部较为平坦，周围梁、峁、岘高低起伏，坡度为15°—20°；黄土残塬沟壑区，总面积1295平方千米，占总面积的34%，塬面破碎，沟谷纵横，相对高差350米左右；黄土丘陵沟壑区，总面积约625平方千米，占总面积的17.1%。山丘绵延起伏，山谷深陡，最大坡度在30°—40°。

气候上，镇原县属北温带大陆性季风气候。四季较明显，昼夜温差大，年均气温10.3℃，年均降水量450—580毫米，年无霜期140—184天，年总日照2249.7—2437.2小时。水文上，镇原县境内有蒲河、交口河、茹河、洪河4条较大的河流，5条斜长塬面[①]。

（二）历史建置沿革

镇原县的历史沿革，虞唐，属雍州。夏，属戎翟。商，属昆戎。商末，今镇原南部属共国，北部属彭国。西周，属周大原。西周后期，属义渠戎国。秦昭王三十五年（公元前272年），秦灭义渠国，置北地郡，设义渠县，辖今镇原。秦朝，县境属北地郡朝那县东部、彭阳县西部及安武县。西汉元鼎三年（公元前114年），北地郡析置安定郡，辖21县，其中临泾、朝那、彭阳、抚夷、安武、安定等县与今镇原县境有关。东汉，属凉州刺史部安定郡朝那县、临泾县、彭阳县辖；抚夷县、安定县并入临泾县。三国，属曹魏雍州安定郡临泾县、朝那县。西晋，属雍州安定郡临泾县、朝那县辖。北魏，属泾州安定郡临泾县、安武县、朝那县；神龟元年（518年）废朝那县。西魏，属泾州安定郡临泾县及宁州彭阳县辖。北周，废临泾县，属豳州西北地郡彭阳县、安武县辖。隋朝，属泾州安定郡湫谷县、宁州北地郡彭原县，大业元年（605年），置湫谷县；大业十二年（616年），废湫谷县，复临泾县。唐朝，属泾州临泾县、宁州丰义县；武德二年（619年），彭原县析置丰义县，属彭州；开元八年（720年），改属泾州；天宝元年（742年），改属宁州；大历元年（766年），置原州；元和三年（808

① 镇原概况，镇原县人民政府，2020年6月25日；自然环境，镇原县人民政府，2020年7月21日；镇原县志，甘肃省地方史志办公室。

年），临泾县由泾州划归原州。五代十国，今镇原均属彰义节度使原州、宁州丰义县西部。北宋，镇原属原州临泾县及宁州丰义县；太平兴国元年（976年），改丰义县为彭阳县；至道三年（997年），彭阳县从宁州划归原州。金大定二年（1162年），原州属金，仍领临泾、彭阳2县。元至元七年（1270年），称镇原州；至顺元年（1330年），镇原州西北部东山县及三川县西部置开成州，临泾县、彭阳县及三川县东部属镇原州，废临泾县、彭阳县归州；至元二十三年（1286年），设陕西等处行中书省，镇原州属陕西行省巩昌都总帅府。明洪武二年（1369年），改为镇原县，初属巩昌总帅府，后属平凉府。清初沿明制。康熙八年（1669年），析陕西省庆阳、平凉、巩昌、临洮4府，复置甘肃布政使司，镇原县属平凉府；乾隆四十二年（1777年），改属泾州。民国初，镇原县先后属平庆泾固化道、陇东道和泾原道。民国十五年（1926年），直属甘肃省政府；民国十七年（1928年），设甘肃省第三区西峰专员公署，镇原改属之。1949年10月，镇原隶属甘肃省庆阳专员公署。1955年，改属庆阳、平凉合署，改属平凉专员公署。1960年，庆、平分署，属庆阳地区行政公署。2002年，撤销庆阳地区，设立地级庆阳市，镇原隶属庆阳市①。

方山乡，庆阳市镇原县下辖乡。乡政府驻地蒲河行政村焦山自然村焦漩湾，位于镇原县西北60千米的蒲河北岸。东连新集镇，南接孟坝镇，西邻三岔镇，北靠环县天池乡，属丘陵沟壑区。行政区域总面积167.67平方千米。G309东西走向，横穿全境20千米。据《镇原县志》记载：镇原、环县之界，有两座方形山，大者为大方山，小者为小方山，以此取名为方山。地形地貌，方山乡地处残原丘陵沟壑区，东北高、西南低，平均海拔1405米。境内最高点位于张大湾，海拔1540米；最低点位于蒲河，海拔1270米；气候，方山乡无霜期150天左右；水文，方山乡境内最大的河流为一级河蒲河，从西至东流，长19千米②。

新集镇，庆阳市镇原县下辖镇，地处镇原县东北部，东邻西峰区，西接方山乡，南接孟坝镇、太平镇，北接庆城县，行政区域总面积217.33平方千米。新集镇境内有011乡道经过。明初，因在西北二十里处的柳家新集设立集市，贸易活跃而得名新集。建置沿革，民国元年（1912年），属孟坝镇、第五区。民国三十八年（1949年）8月，设新集区。1958年春，析置王寨乡；同年10月，与王寨乡合并成立新集公社。1961年6月，析置王寨公社。1965年3月，王寨公社并入。1980年，复分为新集、王寨2公社。1983年12月，公社改乡。2004年12月，王寨乡并入。2019年，新集乡撤乡建镇。行政区划，2011年末，新集镇下辖12个行政村。地形地貌，新集镇地处黄土残原沟壑区，地势西北高、东南低，平均海拔1370米。境内最高点位于马塬畔，海拔1430米；最低点位于刘洼，海拔1290米。气候，属温带大陆性气候。水文，境内主

① 镇原概况，镇原县人民政府，2020年6月25日；镇原县志，甘肃省地方史志办公室。
② 中华人民共和国民政部编，李立国总主编，田宝忠、肖庆平本卷主编：《中华人民共和国政区大典·甘肃省卷》，中国社会出版社，2016年，第1185、1186页；国家统计局农村社会经济调查司：《中国县域统计年鉴·2019（乡镇卷）》，中国统计出版社，2020年，第643页；方山乡2020年区划，中华人民共和国国家统计局，2020年11月20日；方山乡，镇原县人民政府，2020年11月20日。

要河道有一级河蒲河、二级河黑河，总长度32千米[①]。

三岔镇，地处镇原县北部，东接环县演武乡，西临宁夏回族自治区彭阳县，南接马渠乡，北接方山乡，行政区域总面积243.2平方千米。建置沿革，民国十七年（1928年），属镇原县第一区马渠镇。民国三十一年（1942年），属陕甘宁边区镇原县第六区。民国三十八年（1949年）8月，设三岔区，下设三岔乡。1958年，撤区存乡，同年10月，改三岔公社。1980年12月，公社改乡。1985年7月，乡改镇。行政区划，截至2020年6月，三岔镇下辖10个行政村：高湾村、周家庄村、肖园子村、米家川村、寺庄湾村、榆杨湾村、安岔村、石咀村、董渠村、大塬村。地形地貌，地处黄土高原丘陵沟壑区，地势西高东低，平均海拔1456千米。境内最高点位于高岭山，海拔1501米；最低点位于柳洲河滩，海拔1411米。气候，属大陆性气候，多年平均气温10.3℃，生长期年平均168天，无霜期年平均160天，年平均日照时数2425小时，年平均降水量450.1毫米，降雨集中在每年7—9月。水文，境内主要河道有一级河蒲河，主要支流有安家川河、白家川河、康家河，总长25千米[②]。

（三）蒲河流域历史地理

陇山是一个历史地理概念，其名由来已久。陇山山脉是陕、甘、宁交界处的重要的地理分界线，北段称六盘山，南段称陇山（包括关山），是呈西北—东南走向的狭长山地。山脉东西两侧分布着陕西省宝鸡市，甘肃省天水市、平凉市、庆阳市和宁夏回族自治区固原市。陇山两侧泾、渭河上游地区，是中华文明重要的发源地之一。陇山（即今六盘山）以东的甘肃地区，包括庆阳、平凉东部地区，处于陕、甘、宁三省交汇处，属于黄土高原片区。黄土高原多纵横交错的沟壑、梁峁、冲积谷地和塬面，陇山山脉将甘肃东部的黄土高原分割为泾河上游地区的陇东黄土高原，一般简称陇东地区。陇山以东属黄河第一支流泾河水系。泾河发源于六盘山，地势西高东低，河流基本自西向东流，在平凉境内，主要河流有泾河、汭河、黑河、达溪河；庆阳境内，地势北高南低，河流一般自北向南流，主要河流有茹河、洪河、蒲河、马莲河、四郎河、九龙河等。

陇山东西两侧的黄土高原地区有着相同的历史文化传统。陇山两侧同陕北、内蒙古中南、晋中北同处北方长城沿线，地处"狭义的北方地区"和中原地区的交汇地带，也是连接中原腹

---

① 中华人民共和国民政部编，李立国总主编，田宝忠、肖庆平本卷主编：《中华人民共和国政区大典·甘肃省卷》，中国社会出版社，2016年，第1184、1185页；国家统计局农村社会经济调查司：《中国县域统计年鉴·2019（乡镇卷）》，中国统计出版社，2020年，第643页；《镇原县人民政府办公室关于做好新集乡、马渠乡、庙渠乡撤乡改镇工作的通知》，镇原县人民政府，2020年11月20日；新集镇2020年区划，中华人民共和国国家统计局，2020年11月20日。

② 中华人民共和国民政部编，李立国总主编，田宝忠、肖庆平本卷主编：《中华人民共和国政区大典·甘肃省卷》，中国社会出版社，2016年，第1177、1178页；国家统计局农村社会经济调查司：《中国县域统计年鉴·2019（乡镇卷）》，中国统计出版社，2020年，第643页；三岔镇2020年区划，中华人民共和国国家统计局，2020年11月19日。

地和甘青地区及欧亚草原的东西交通要道，是一个典型的文化—生态交错带。《读史方舆纪要》载："陇坻即陇山，亦曰陇坂，亦曰陇首，在凤翔府陇州西北六十里，巩昌府秦州清水县东五十里。山高而长，北连沙漠，南带汧、渭。关中四塞，此为西面之险。"①夏商时属古"雍州"之地，西周时是周之"西土"，秦属北地郡，西汉从北地郡分出安定郡，汉以来一直是丝绸之路东段北道的必经之地。这一地区历史时期久负盛名，这种特殊的地理条件，使得该地区自新石器时代以来文化面貌复杂，同时受到关中、陕北、甘青地区乃至欧亚草原的多重影响。

蒲河是泾河的北支流，是镇原县与西峰区的界河。蒲河源于环县毛井镇附近，东南流入镇原县，至宁县长庆桥入泾河。蒲河将孟坝塬、新集塬南北隔开，在河阳分布着殷家城、三岔、方山和新集四乡镇。至少从新石器时代以来，陇山东麓的彭阳到镇原的地带，是西域和欧亚草原两个方向人群进入内地的孔道，以及历史上由塞外进入中原王朝关中的西北门隙（萧关内地）。作为黄河第一支流泾河的支流——蒲河流域，这里主要是仰韶文化（庙底沟类型）、常山下层文化人群的活动范围，分布于蒲河及其支流的二三级台地上，是新石器至青铜时代先民东渐过程中，在陇山东麓长时间生息繁衍的一块重要地域。放眼蒲河流经庆阳地区的环县、庆城县、镇原县、西峰区、宁县及泾川县境，尤以镇原县为中心的陇东黄土高原，是常山下层文化遗存分布最为密集的地区，尤其是镇原县境的三岔镇、方山乡、新集镇、太平镇及上肖乡周边一带的蒲河两岸的台地或者梁峁上，更是常山下层文化遗存的核心分布地带。最具代表性的典型遗址就是大塬遗址、老虎嘴遗址。镇原县三岔镇大塬村东南500米的大塬遗址，位于蒲河支流康家河东岸的梁峁坬地，出土蛇纹石玉器，有玉环、玉锛、玉斧、玉铲，可能昭示着齐家文化玉器的源头就在常山下层文化，作为礼器的玉器极有可能出现在早于齐家文化数百年的常山下层文化中。与大塬遗址南北遥望的老虎嘴遗址，位于蒲河南的庙渠乡黄土塬上的老虎嘴村西北400米处，出土多节子母套接的斜向篮纹陶水管，长达27米，是我国史前考古的重大发现，这无疑是蒲河流域的镇原先民的伟大发明。这对研究常山下层文化、仰韶文化在陇东的发展，研究中华文明史等具有重要意义，且与蒲河下游的南佐遗址具有序列性参照价值。

仰韶文化在蒲河流域也有分布，典型的代表就是南佐遗址，位于西峰区后官寨乡南佐村东南1.5千米处。曾于1984年、1986年、1994—1996年发掘过5次，发现有灰坑、窖穴、白灰面居址、夯土台基等遗迹。出土大型夯筑祭祀性殿堂建筑，前堂后室，结构宏伟，与秦安大地湾大型建筑基址相近，表明它是泾、渭地区又一处高等级的中心遗址，对研究仰韶文化晚期泾、渭地区的社会形态及其性质具有重要的价值。发现的大量炭化粮食（稻、粟、稷等）对研究农业起源、农作物种植与分布交流等也具有重要的意义。2021年以来，新一轮考古发掘的新发现，对于客观认识黄河中游、黄土高原，尤其是陇东地区在中华文明起源和形成过程中的关键地位，对于实证中华五千年文明史，都具有极为重要的意义。

蒲河流域存在大量的佛教石窟寺，如早已调查发现的万佛洞石窟、庆阳北石窟寺、楼底村

---

① （清）顾祖禹撰，贺次君、施和金点校：《读史方舆纪要》卷52《陕西》一"陇坻 陇关附"，中华书局，2005年，第2465页。

1号窟、石道坡窟龛、花鸹崖窟龛、石崖东台窟龛、小河湾石窟、曹家川石窟等。蒲河支流茹河上的石空寺石窟、洛阳寺石窟、玉山寺石窟、朱家川石窟、大咀石窟，还有蒲河支流大黑河上的万山寺石窟等，学界以往研究已有一些成果。本次对蒲河流域上游方山乡、三岔镇境新发现的田园子石窟的考古发掘，以及对新集镇境内薛李石窟、方山乡境内的申家山石窟、三岔镇境内的柳州城石窟等的系统科学的专题调查，不仅补充完善了蒲河流域上游石窟考古的空白，也是对以往研究中未曾关注的以北石窟寺为代表的蒲河流域中、小石窟的艺术传播源流和风格体系演变的有益探索。

田园子石窟，位于方山乡蒲河行政村田园子自然村蒲河西南岸。薛李石窟，位于新集镇王寨行政村薛李庄自然村的蒲河东北岸。薛李石窟在田园子石窟东南约30千米处，两处相距不远，分列于蒲河南北两岸，显示了佛教艺术传播交流沿着蒲河流域自上游向下游流动的迹象。

镇原境内的蒲河流域上游两岸经过本次专项调查，从西北往东南新发现的石窟寺依次有柳州城石窟、申家山石窟、田园子石窟及薛李石窟，这些地域，在北魏分别属泾州陇东郡朝那县、豳州西北地郡安武县[①]，到隋代时均属安定郡湫谷县[②]（图八），可参照谭其骧主编《中国历史地图集》标示的疆域范围：今镇原境内的蒲河流域上游柳州城石窟、申家山石窟、田园子石窟及薛李石窟，属东晋十六国·南北朝时期 "北朝魏雍、秦、豳、夏等州" ［以北魏太和二十一年（497年）为准］的 "豳州西北地郡安武县" 地界，到隋代，该地域又属隋、唐、五代十国时期 "关陇诸郡" ［以隋大业八年（612年）为准］的 "安定郡湫谷县" 管辖地界。

第三节　报告编写体例及说明

（1）本报告是由甘肃省文物考古研究所编著的石窟寺考古报告，主要刊布2017年抢救性发掘清理的田园子石窟，以及其所在的蒲河流域开展石窟寺专题调查中发现的几处中小石窟的内容，除了田园子石窟是通过考古发掘清理出土石窟造像及埋藏的铜佛造像外，其他几处如薛李石窟、柳州城石窟、申家山石窟，都是主动考古调查时新发现的，虽然各石窟寺洞窟及其造像保存情况不一，所处的地理位置及环境也不一样，后期保存环境和破坏程度亦不一样，其相应的佛教石窟考古及佛教艺术传播和交流的研究价值也不一样，但是，考虑到各自石窟遗存能够保存到现今确实不易，我们将全部调查内容都做详细的记录，在此予以发表，目的在于记录历史遗存，刊布文化遗产，比较全面地反映出陇东地区蒲河流域佛教石窟考古的面貌和最新成果，以飨同道研究之便。

---

① 谭其骧主编：《中国历史地图集》第四册《东晋十六国、南北朝时期》54、55 "北朝魏雍、秦、豳、夏等州"，中国地图出版社，1982年。

② 谭其骧主编：《中国历史地图集》第五册《隋、唐、五代十国时期》7、8 "关陇诸郡"，中国地图出版社，1982年；（唐）李吉甫撰，贺次君点校：《元和郡县图志》卷三《关内道》泾州条："临泾县，上，东南至州九十里。本汉旧县，属安定郡。隋大业元年于今县理置湫谷县，取县内湫谷为名。" 中华书局，1983年，第57页。

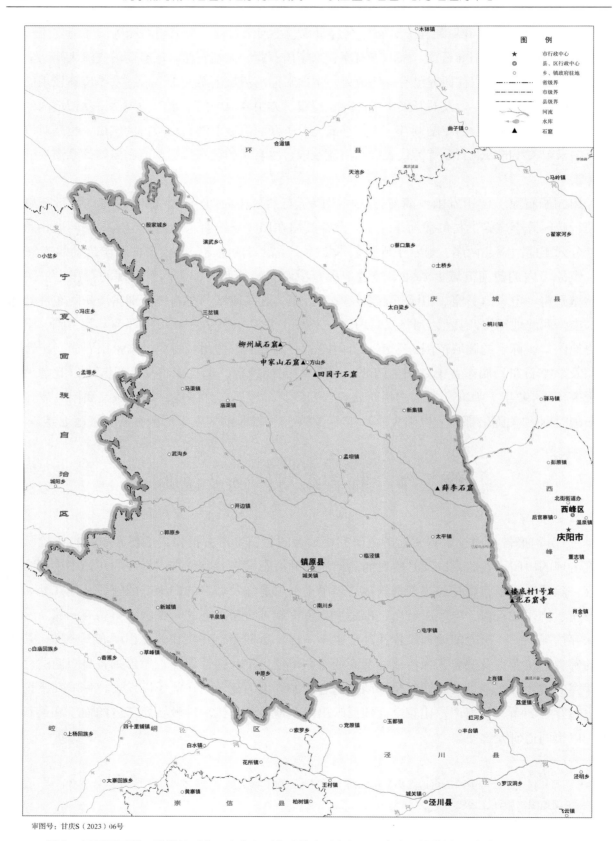

审图号：甘庆S（2023）06号

图八　田园子石窟、柳州城石窟、申家山石窟及薛李石窟与北石窟寺、楼底村1号窟位置关系示意图

（2）由于本报告所刊布的石窟寺均为最新发现，各石窟寺的洞窟编号方法及次序，均按照各个石窟的地形、地貌及洞窟分布的顺序依次编号和命名，不求拘泥于全部统一的标准，但求在各自石窟寺发布范围内尽可能顺序整齐、条例清楚。各个洞窟保存遗迹的情况不同，具体记录文字及图片、数字化成果形式根据实际情况详略各异，不求划一。

（3）遗迹叙述，按照先窟外，后窟内的顺序编次。窟外遗迹中的窟檐建筑、建筑构件及残损造像碑等遗物，根据实际情况，在相应的洞窟遗迹项下便宜叙述。窟内遗迹叙述，按照洞窟平面形制总述，然后根据各个壁面的分布情况各自叙述。遗迹以洞窟编号为序叙述，以文字为主线，按照逻辑顺序编排图片、测绘图及三维数字影像图等，文图对应，互为校核补充。洞窟的窟外及窟内遗迹，按照位置、方向、形制、尺寸、内容、保存状况等条目罗列，适当配插每个洞窟的照片、线描测绘图或正射影像图等。洞窟内出土的遗物（佛造像、建筑构件、造像残碑等），在各自出土洞窟遗迹单元记录叙述。

中心柱窟，先叙述洞窟各壁，再叙述中心柱各壁；无中心柱窟，直接叙述洞窟各壁。以石窟寺洞窟门向位置，也即主佛的面向为洞窟方向，主佛所在的左、右分别为左、右壁，门洞正对的壁面视为正壁，也即后壁，门洞所在的壁面为前壁，文字记录叙述按先正壁，再左壁，再右壁，最后前壁的顺序，即：正壁—左壁—右壁—前壁为次第。

各壁叙述，按从整体到局部、自下而上展开。壁面各龛，除前壁以右龛—左龛—中龛（窟门上小龛）为序外，其余壁面均以右龛—中龛—左龛次第描述。前、后、左、右均以洞窟本身为准。

洞窟朝向一般为洞窟窟门的中轴线方向。各窟海拔测量点为洞窟窟门下槛中心。各窟间距以各窟中轴线起计。各窟高程及窟内外遗迹数据，以米为单位。

（4）本报告所有洞窟的线图，都是以正射影像图为测量地图绘制，并在洞窟逐一核对后，历经反复调整、修改和校对下清绘完成的。洞窟测绘，是一种考古观察记录，线图因此成为考古工作者观察的一种专业表达。线图绘制要从正射影像图的"全息信息"中"提取"能够反映和说明洞窟形制、造像内容、比例大小及保存现状等人工开凿和反复重修装銮遗迹等有意义的信息，这些都是历史遗留的"考古地层"，蕴藏着极大的考古历史信息，绝不是对影像的简单临摹和复制。从石窟寺内容总录的角度看，这些线图测绘和正射影像图在功能上互补，我们全部发表，意在使考古报告记录反映的石窟寺各个洞窟信息更加全面完整。

（5）田园子石窟、薛李石窟的石窟整体布局总图用带有RTK系统的GPS测量方法测量。崖壁立面图用GPS和全站仪结合的方法测量。

对田园子石窟1—4号洞窟及3号洞窟出土的铜、石造像，还有薛李石窟1、2号窟等遗存进行全部的三维激光扫描数据采集，再结合近景摄影测量技术采集以上各石窟及造像的表面高分辨率的纹理数据，确保全面采集所有石窟遗存单位的三维数据，经过对多源数据综合处理，完成对石窟遗存的三维数字化工作。后期再以构建的石窟遗存三维模型为基础数据，绘制出石窟所在各个洞窟内外各壁面的平面、立面及洞窟剖面、剖视图，还有出土的铜、石造像的实测线描平面、立面及剖视图等。

以正射影像图为底图，人工清绘线图。正射影像图，除具有一般测量意义外，还准确反映出洞窟崖壁、造像、壁画及风化等传统测量线图难以表达的遗迹现象，在本系列报告中与线图一起发表。

第二章　田园子石窟

　　田园子石窟，位于甘肃省庆阳市镇原县方山乡蒲河行政村田园子自然村，石窟开凿在西南—东北向的蒲河支流官路沟水西北侧下层的砂石崖壁上。地理坐标为北纬35°46′42.4″，东经107°24′41″，海拔1120米。

一、洞 窟 遗 迹

　　本次发掘共清理出土4个洞窟，每个洞窟大致为坐西向东，自西南向东北相邻，间隔距离不等，依次编号1—4窟。4个洞窟平面分布上自西南向东北间隔相连，洞窟立面随着山体崖面的转折而开凿，各洞窟的开口方向不一。从崖面使用上分析，可能是先开凿2、3号窟，后开凿1、4号窟，因为2、3号窟是所在崖面开凿洞窟的中心地带，而1、4号窟处在崖面两侧边缘地带（图九、图一○；图版七—图版九）。

图九　田园子石窟全景影像图（发掘后远眺）

（一）1号窟

1. 位置

　　位于官路沟水砂石崖面的西南，紧邻镇原—方山县级公路（X006）护坡，在2号窟的西南侧。

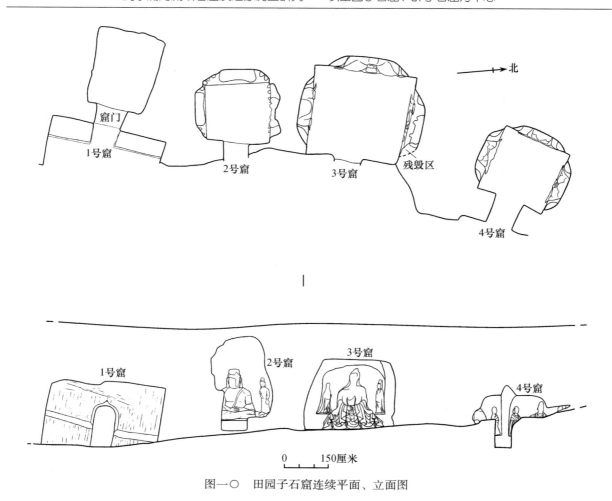

图一〇　田园子石窟连续平面、立面图

2. 方向

大致为坐西北向东南，窟向115°。

3. 形制

洞窟为平面竖长方形前后坡顶。圆拱形窟门，带甬道，门楣阴刻双道线装饰，窟内四壁及顶部均完整，有凿痕。

4. 尺寸

洞窟进深2.7、平面长2.7、宽2.25、顶高1.98米，窟门宽0.85—1.07米。

5. 内容

窟内未见造像及造像的遗迹（图一一、图一二；图版一〇—图版一六）。

发掘清理时，可见后期滑坡掩埋石窟的砂土堆积从窟门涌入窟内，从门口向窟内呈斜坡状堆积。堆土清理后，窟内后部地面有灰烬层，四壁无雕刻造像石胎的痕迹，只有开窟壁面的凿

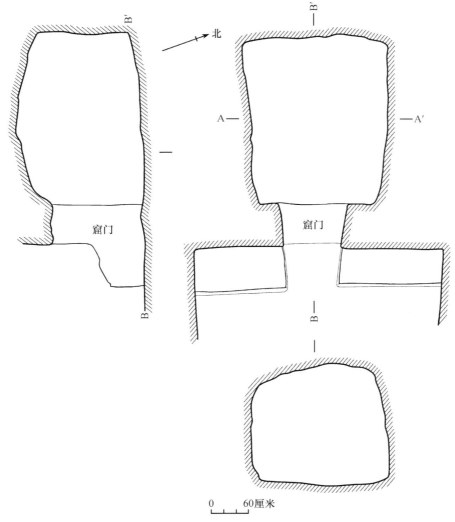

图一一　田园子石窟1号窟平面、剖面图

痕，根据雕凿痕迹分析，应为未完工的洞窟。从烧火灰烬分析，或为当时僧人用作禅修或者居住之用（图一三—图一五；图版一七—图版二一）。

6. 现状

洞窟系现场从历史上的滑坡山体黄土堆积中清理出土，未遭修路施工损毁。

（二）2号窟

1. 位置

位于官路沟水砂石崖面的西南，紧邻镇原—方山县级公路（X006）护坡，在1号窟东北侧，相邻约2.6米。

图一二　田园子石窟1号窟外景

图一三　田园子石窟1号窟门洞及南壁现状

图一四 田园子石窟1号窟顶部

图一五 田园子石窟1号窟地面灰烬堆积

2. 方向

大致为坐西向东，窟向90°。

3. 形制

平面呈横长方形穹窿顶。窟内正壁与左、右壁底部有低平台相通，平台上分别雕凿石胎造像（图一六；图版二二一图版二九）。

4. 尺寸

洞窟进深2.65米，平面宽2.16、长2.65米，顶残高2.8米。

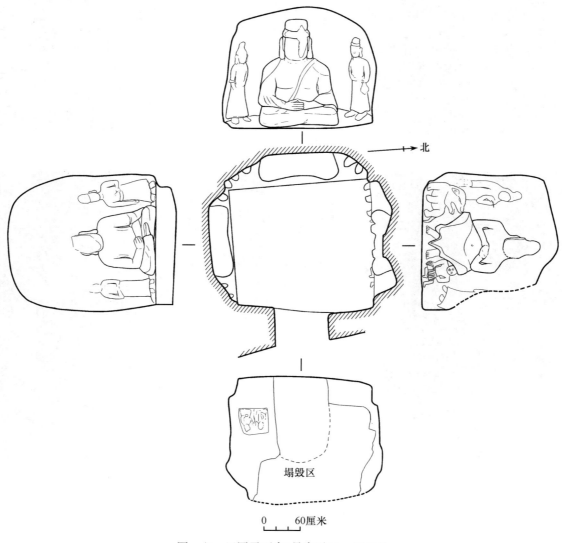

图一六　田园子石窟2号窟平面、立面图

5. 内容

在洞窟内的正壁、左壁及右壁三壁各凿低平台，台上雕凿造像（图一七）。

（1）西壁（正壁）

一佛二菩萨。正中主尊佛，高肉髻，面型方圆，脸颊丰满，大耳低垂至肩，颈项粗短，宽肩平胸，着覆肩袒右式袈裟，袈裟衣缘从右肩肩头向下覆盖右臂膀外侧，左肩头斜向下至胸前的袈裟边缘折带纹隐隐可见，衣纹线条粗犷，结跏趺坐于低平台上，双手施禅定印。佛像整体显得粗犷健硕，略呈倒三角形。两侧胁侍菩萨，头挽高髻，戴宝冠，面部五官风化不清，依稀可辨束冠的宝缯向外飘出，发辫垂于肩上，菩萨上身袒露，下身着裙，跣足立于低台上，衣饰细部风化不清，身体略显粗壮。左胁侍，左臂微下屈似手握香囊，右手臂屈肘于胸前。右胁侍，左右臂屈肘抚于胸前（图一八；图版三〇）。

主佛高约1.85米，右菩萨高约1.6米，左菩萨高约1.45米。低台高0.25、长2.4、深0.45米。

（2）北壁（左壁）

一交脚弥勒及二胁侍菩萨。正中交脚弥勒，头冠及面部残损不清，衣饰细部风化不清，唯双臂屈肘相交于胸前，双手抚胸，双腿屈膝，小腿相交于脚腕处，双脚掌触地坐于台座上，双腿作交脚坐姿。台座前左侧有一托座力士，身体作蹲坐状，头向左侧歪斜，右肩抵于交脚弥勒左膝处，左手扶按身后低台边缘，右手抚压右腿膝部，双腿用力做支撑状，面部虽已风化不清，但仍可见其痛苦状之夸张神情，造型生动传神，有明显世俗化倾向。台座右侧雕一蹲狮，作头反顾状，虽身体细部不清，但仍可从大概轮廓透出其威猛神态。二胁侍菩萨基本样式同西壁，左侧胁侍菩萨因窟前壁损毁而残缺，右侧菩萨左手臂屈肘于胸前，右臂下垂手握香囊（净瓶？）（图一九；图版三一）。

交脚弥勒高约2.1米，右菩萨残高约1.6米。低台残高0.25、宽0.45米，长度因残损不明。

（3）南壁（右壁）

一佛二菩萨。主佛和胁侍菩萨造型样式与西壁基本相似，也为粗犷健硕之风格。主尊佛，高肉髻，方圆脸，大耳垂肩，颈粗短，肩宽阔，圆领通肩式袈裟，结跏趺坐，双手施禅定印。两侧胁侍菩萨，从风化现状轮廓看，似为头高髻，戴宝冠，宝缯外飘，身体粗壮健硕，上身袒露，下着裙，跣足立于低台，衣饰细部风化不清。左胁侍，左臂屈肘抚于胸前，右臂下垂似手握净瓶（？）。右胁侍，左右臂屈肘抚于胸前（图二〇；图版三二）。

佛残高约1.45米，左菩萨高约1.3米，右菩萨高约1.25米。低台高0.22、长2.05、深0.44米。

（4）东壁（前壁）

窟门、前壁及窟顶前部有塌毁，窟门南侧壁面凿小方龛，内雕释迦、多宝佛并坐说法，惜细部风化模糊，仅存轮廓。佛残高0.26米（图二一；图版三三）。

图一七　田园子石窟2号窟外景

图一八　田园子石窟2号窟西壁

图一九 田园子石窟2号窟北壁

图二〇 田园子石窟2号窟南壁

图二一　田园子石窟2号窟东壁南侧小龛

6. 现状

修路施工中对窟门、前壁、左壁东侧有少许损毁，穹窿顶部中间早期有旋顶塌落。窟内造像表面风化模糊，面部五官细部、衣纹褶皱等雕刻风化不清（图版三三）。

（三）3号窟

1. 位置

位于官路沟水砂石崖面的西南，紧邻镇原—方山县级公路（X006）护坡，在2号窟北侧，相邻约2.1米。

2. 方向

大致为坐西北向东南，窟向100°。

3. 形制

平面呈横长方形，三壁各凿浅敞龛。北壁、东壁及窟顶部残毁，从西壁与北、南壁面转角线向上弧收的迹象，推测可能为穹窿顶（图二二；图版三四—图版四一）。

4. 尺寸

窟进深3.2米，平面宽3.4、长3.45米。

5. 内容

在洞窟内的正壁、左壁及右壁三壁面各凿浅敞龛，龛内雕凿造像（图二三）。

（1）西壁（正壁）

拱形浅敞龛，正中雕凿一佛二菩萨，主尊释迦面部五官风化残缺，高肉髻，大耳垂肩，面形方正，颈项修长，双肩宽平，内着僧祇支，外穿双领下垂式宽大袈裟，结跏趺坐于低台上，双手施禅定印。坐佛双臂衣饰宽松贴覆垂于两膝，两膝间衣纹呈"U"形褶皱，佛衣覆盖佛座边缘，悬裳衣密褶下垂，两侧衣角外撇，佛衣密褶呈左右对称分布。两侧胁侍菩萨因风化，细

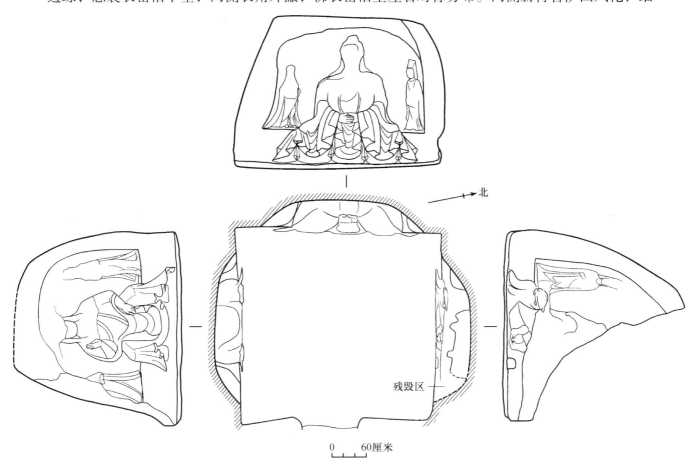

图二二　田园子石窟3号窟平面、立面图

图二三　田园子石窟3号窟外景

部特征不清，但从轮廓看，菩萨头挽高髻，戴宝冠，束冠的宝缯自然下垂，发辫垂于双肩，披帛于肩部略外翘，天衣、披巾飘逸俊秀，裙摆具飘散之势，宽松洒脱（图二四；图版四二）。

佛高约1.8米，左菩萨高约1.3米，右菩萨残高约1.1米。龛高约2、宽约2.75、深约0.45米，龛底沿距地面约0.6米。

（2）北壁（左壁）

拱形浅敞龛，原为一交脚弥勒二菩萨，现仅存右胁侍菩萨，交脚弥勒及左胁侍均已残损不全，仅可见交脚弥勒右肩披帛局部、下身局部、狮子座及双脚轮廓，腿部残损不存。右胁侍菩萨轮廓完整，造型与西壁胁侍菩萨基本相似，披帛于肩部略外翘，披巾绕臂弯下垂，身体修长，飘逸洒脱（图二五；图版四三）。

右胁侍菩萨高约1.6米。龛残高2.4、残宽2.85、深0.46米，龛底沿距地面约0.5米。

（3）南壁（右壁）

拱形浅敞龛，浅龛内凿一佛二菩萨，主尊头部风化残缺不全，可见大耳垂肩，长颈，内着僧祇支，外披袒右肩袈裟，袈裟半覆搭右臂外侧，经右腋之下绕过，部分在双腿之间形成"U"形褶皱，再上绕将左肩和臂肘一并覆搭，左臂屈肘于左腿上，左手掌心向内握衣角，右臂屈肘，右手掌心向外，施无畏印。双腿下垂，双脚外撇踩于地面，作特别的"倚坐"姿态。左侧菩萨风化模糊，衣饰不清，右侧胁侍菩萨残缺不全，仅存左侧身体头部以下。两胁侍菩萨均双手合十于胸前，天衣、披帛样式飘逸，身体修长（图二六；图版四四）。

图二四　田园子石窟3号窟西壁

图二五　田园子石窟3号窟北壁

图二六　田园子石窟3号窟南壁

佛残高约2.3米，左菩萨高约1.3米，右菩萨残高约0.9米。龛残高2.4、残宽2.75、深0.46米，龛底沿距地面约0.6米。

（4）东壁（前壁）

施工修路时已破坏，只存地面门洞出口，可见与窟内地面持平的遗迹，推测原有类似2号窟一样的前壁和洞窟门洞。

6. 现状

北壁、南壁的东侧部分残毁。东壁全部残毁不存。洞窟顶部大部分残毁，仅存近西侧的西壁向上转角处的小部分拱券。

龛内造像表面风化模糊，面部的五官细部、衣纹褶皱等雕刻风化不清。

（四）4号窟

1. 位置

位于官路沟水砂石崖面的西南，紧邻镇原—方山县级公路（X006）护坡，在3号窟东北侧，相邻约2.9米。

2. 方向

大致为坐西北向东南，窟向120°。

3. 形制

平面呈横长方形，三壁各凿浅敞龛，前壁中部开拱形门道。此窟因早期开路推毁，致使窟顶以上残毁，窟高不明。仅从壁面转角线向上弧线内收痕迹，推测可能为类似2号窟的穹窿顶（图二七；图版四五—图版五二）。

4. 尺寸

洞窟进深2.3米，平面长2.45、宽2.3米，顶部残毁，窟顶高度不明。

5. 内容

在洞窟内的正壁、左壁及右壁各凿浅敞龛，龛内雕凿造像（图二八）。

（1）西壁（正壁）

拱形浅敞龛，正中一佛二菩萨，主尊释迦佛，面部五官残损不清，从轮廓看，高肉髻，大耳垂肩，面形瘦削，颈项细长，双肩下垂，内着僧祇支，外穿双领下垂式袈裟，衣领棱脊突起，佛衣整体有厚重感，结跏趺坐于台上。左手自然下垂，手心向前，手指并拢伸直，作与愿印，右臂屈肘，右手举至胸前，手掌心向前，手指向上伸直，施无畏印，手指残缺。佛衣覆盖佛座边缘，悬裳衣细密褶下垂，两侧衣角外撇，佛衣密褶呈有规律的左右对称状。两侧胁侍菩萨因风化细部不清，但从轮廓看，菩萨戴宝冠，宝缯及发辫垂肩，披帛于肩部略外翘，天衣、披巾飘逸俊秀，裙摆具飘散之势，宽松洒脱（图二九；图版五三）。

主佛残高约1.35米，左菩萨残高约1米，右菩萨残高约1.05米。龛残高1.4、残宽2.05、深0.4米，龛底沿距地面约0.44米。

（2）北壁（左壁）

拱形浅敞龛，龛内一交脚弥勒二菩萨，因施工损毁，三身造像已缺失头部。交脚弥勒，上身袒露，披帛在肩部呈三角形，披巾在腹部相交绕搭臂腕下垂，下身裙裾垂于坛座边缘，向两侧分开呈悬裳座，双手残缺，从姿势看似为左手作与愿印，右手施无畏印，双腿作交脚坐姿。

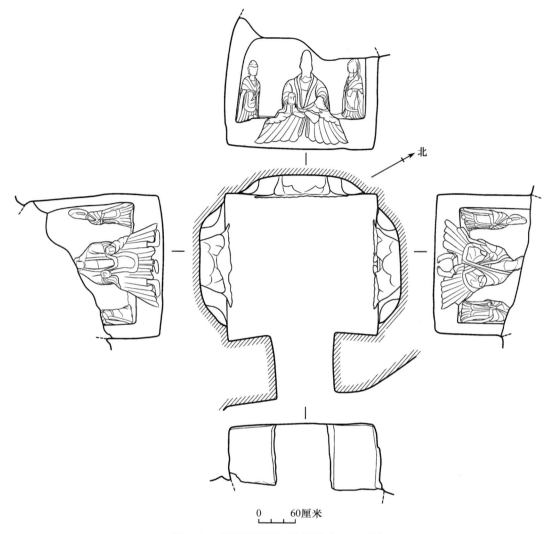

图二七　田园子石窟4号窟平面、立面图

右胁侍菩萨，轮廓完整，造型与西壁胁侍菩萨基本相似，披巾绕臂下垂，身体修长，飘逸洒脱（图三〇；图版五四）。

交脚弥勒残高1.4米，左菩萨残高0.75米，右菩萨残高0.95米。龛残高1.15、残宽1.9、深0.4米，龛底沿距地面约0.4米。

（3）南壁（右壁）

拱形浅敞龛，龛内一佛二菩萨，主尊头部风化残缺不全，可见大耳垂肩，长颈，内着僧祇支，外穿双领下垂式袈裟，右衣领低垂在胸前绕搭于左臂腕。左手自然下垂，手心向前，手指并拢伸直，作与愿印，右臂屈肘，掌心向外，手指向上伸直，施无畏印。双腿下垂，双脚外撇踩地，作特别的"倚坐式"姿态。左侧菩萨头部残缺，风化模糊，衣饰不清。右侧胁侍菩萨残缺不全，仅存左侧身体头部以下。两胁侍菩萨从轮廓看，均双手合十于胸前（图三一；图版五五）。

图二八　田园子石窟4号窟全景

图二九　田园子石窟4号窟西壁

图三〇　田园子石窟4号窟北壁

图三一　田园子石窟4号窟南壁

佛残高1.38米，左菩萨高1.05米，右菩萨残高0.5米。龛残高1.4、残宽2.09、深0.4米，龛底沿距地面约0.45米。

（4）东壁（前壁）

已破坏，只存地面门道出口可见遗迹，地面以上的窟顶已破坏不存。门道残高1.1、宽0.8、深1米（图版五六）。

6. 现状

此窟因早期开路推毁，致使窟内造像头部以上残毁不存。窟内造像表面风化模糊，面部的五官细部、衣纹褶皱等雕刻风化不清。

二、洞窟遗物

在田园子石窟3号窟内山体滑坡涌入的堆积砂土中，清理出土单体铜造像7件（其中1件为背光，铸有两胁侍菩萨），石造像碑1件，石造像塔1节，佛像画像石1件，五铢钱1枚（图三二；表一）。出土的铜、石造像及钱币，由于在正式发掘之前已被修路施工严重扰动并曾遭群众哄抢，现场出土时的地层埋藏情况不明。镇原县博物馆接到报告后先行赶赴现场收缴馆藏，县博物馆已登记馆藏编号，故未再另列发掘编号。现据其质地分别描述如下。

1. 石质

3件，皆属北魏时期，列述如下。

（1）北魏坐佛画像石

馆藏号4154，石质，高约18.4、上宽约12、底宽约15.5、厚约4厘米。平面呈梯形，上部小，底部大，边缘磨整平滑，涂红色边框，内墨绘结跏趺坐佛一身，墨迹较淡，形象漫漶，细部不清（图三三；图版五七—图版六四）。

（2）北魏四面造像石塔

馆藏号4155，白石质，高约10、上宽约4.4、底宽约5.4厘米。四面坡式屋顶四面造像塔，四面凿浅小龛，龛内减地浅浮雕造像，阴线雕刻表现衣纹。背对的两面均为结跏趺坐佛，面容清瘦，细颈溜肩，着双领下垂式袈裟，施禅定印。其中，正面的坐佛，低平肉髻，阴线刻衣纹稍显清晰，袈裟穿着可见双领下垂的衣领边缘，右衣领在胸前压覆左衣领，略成"V"形，袈裟紧裹双腿，在双腿中间左右分开。背面的坐佛，高肉髻，大耳垂肩，袈裟双领下垂，右衣领在胸前压覆左衣领边缘。背面坐佛小龛不同于正面坐佛的是，小龛龛楣略呈帷帐形，似乎不是随意雕刻的行为。相邻的其他两侧面均为侍立菩萨，双手笼手于胸前，体态修长，衣纹样式不清。侍立菩萨和相邻的坐佛组成一佛二菩萨组合，作为胁侍菩萨配置，构思巧妙。四面塔小龛内的造像，五官及身体细部风化不清，整体较为模糊（图三四；图版六五—图版七七）。

1

图三二　田园子石窟3号窟出土铜、石造像及钱币

1. 全照　2. 北魏坐佛画像石（馆藏号4154）　3. 北魏四面造像石塔（馆藏号4155）　4. 北魏佛造像石碑（馆藏号4156）
5. 北魏铜坐佛像（馆藏号4163）

图三二　田园子石窟3号窟出土铜、石造像及钱币（续）

6.北魏熙平二年铜释迦多宝佛像（馆藏号4159）　7.北魏铜造像背光（馆藏号4158）　8.北魏铜菩萨立像（馆藏号4160）
9.隋仁寿二年铜佛立像（馆藏号4161）　10.隋代铜菩萨立像（馆藏号4157）　11.隋开皇十四年铜佛坐像（馆藏号4162）
12.隋五铢钱（馆藏号4164）

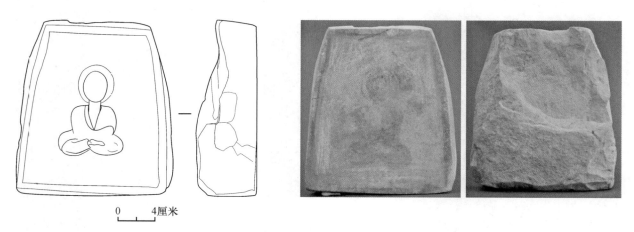

图三三　北魏坐佛画像石（馆藏号4154）

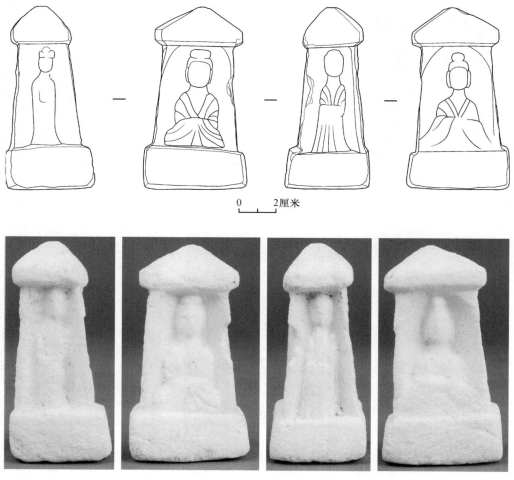

图三四　北魏四面造像石塔（馆藏号4155）

（3）北魏佛造像石碑

馆藏号4156，白石质，高约9.8、厚约4、上宽约4、下宽约9厘米。立面略呈上圆下方，从上部圆弧向下过渡为下部直方，形制大略为背屏式造像碑。正面减地浅浮雕一佛二菩萨，背面素面无像。造像五官及身体细部风化不清，整体较为模糊，从大致轮廓判断时代为北魏时期（图三五；图版七八—图版八五）。

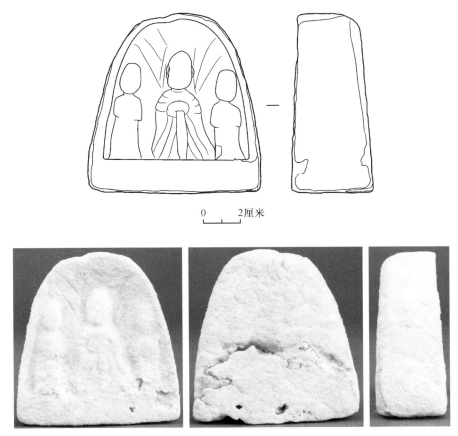

0　　　2厘米

图三五　北魏佛造像石碑（馆藏号4156）

2. 铜质

8件，其中7件铜造像和1枚铜钱，分属北魏和隋代两个时期，北魏造像4件，隋代造像3件、钱币1枚。按其时代大致早晚，列述如下。序号接续。

（4）北魏铜坐佛像

馆藏号4163，铜质，通高约6.1、最宽约3.4厘米。佛高肉髻，身后莲瓣形背光与像合铸，面型方圆，眉目清晰，高鼻深目，宽肩，阔胸，着圆领通肩袈裟，阴线刻衣纹，双手施禅定印，结跏趺坐于长方形低台榻座上。背光低矮宽厚，锈蚀厚重，造像背面素面锈蚀。佛像整体显得粗壮健硕，佛头大，几乎与身体同等比例（图三六；图版八六—图版九四）。

图三六　北魏铜坐佛像（馆藏号4163）

（5）北魏熙平二年铜释迦多宝佛像

馆藏号4159，铜质，通高约12.4、宽约5.8厘米。莲瓣形背光上浅浮雕释迦、多宝佛并坐，上部一化佛，表现多宝佛在宝塔中分半座与释迦牟尼佛并坐的情景。背光边缘细密阴线刻火焰纹。释迦和多宝佛皆眉目清晰，高肉髻，面阔方圆，大耳垂肩，颈项粗短，双肩宽阔，圆领通肩式袈裟，双手施禅定印，结跏趺坐。造像身体遍布细密线装饰。背光与四足方形床座合铸。四足床座上阴刻发愿文："熙平二年/□□□□/□□/皇甫万年/为身造/像一区"。方床座前部一足残失，发愿文缺失几字。从发愿文可知造像年代为北魏熙平二年（517年）（图三七；图版九五—图版一〇六）。

（6）北魏铜菩萨立像

馆藏号4160，铜质，通高约11.2、宽约4厘米。菩萨头戴宝冠，宝缯横折下垂至肩部，脑后阴刻圆形三层莲瓣头光。身后莲瓣形背光与像合铸，身体外侧阴线刻细密曲线纹饰。五官眉目清秀，面型瘦削，下颏微尖，颈项细长，双肩斜溜，披巾胸前交叉上绕搭双臂腕向下飘垂，衣襟下摆自然向外侧撇。左手施与愿印，右手作无畏印，跣足侍立于四足方形台座上。整体为

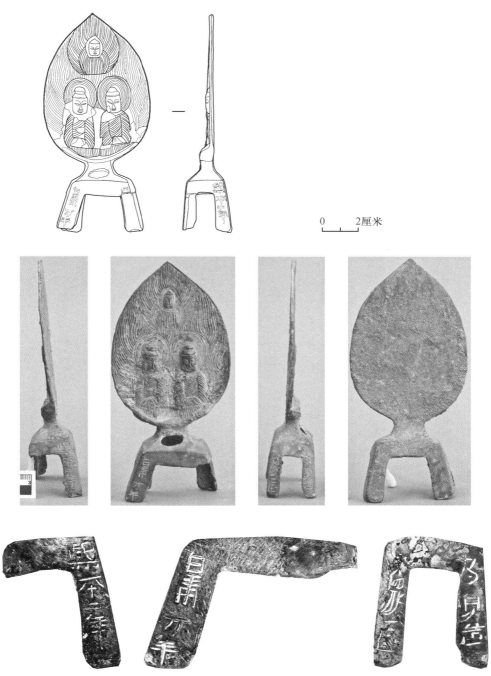

图三七　北魏熙平二年铜释迦多宝佛像（馆藏号4159）及发愿纪年拓片

飘逸洒脱、秀骨清像的造型（图三八；图版一〇七—图版一一六）。

（7）北魏铜造像背光

馆藏号4158，铜质，高约11、宽约6.5厘米。从此件造像中部的榫卯孔眼可知，是与原一铜佛造像组合的背光。上部正中浅浮雕凸起四道圆圈、中间为凸起莲瓣造型的头光，两侧沿背光边缘弧线向上遍布浅浮雕的火焰纹。在背光底部两侧各侍立一身胁侍菩萨，造型相似，与背

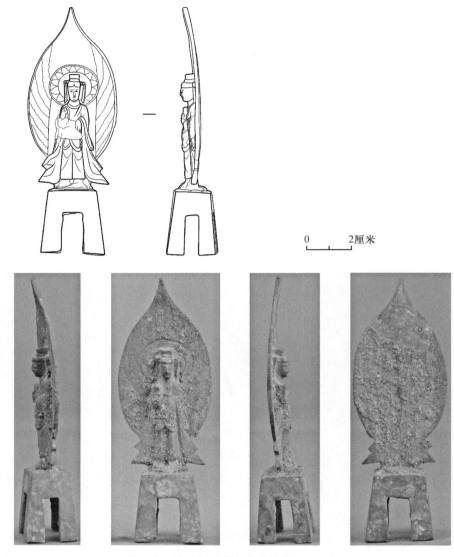

图三八　北魏铜菩萨立像（馆藏号4160）

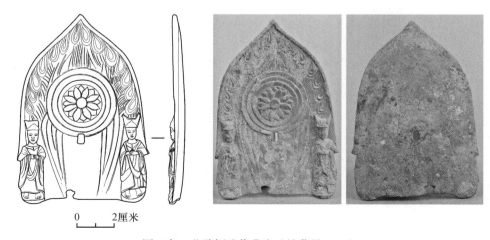

图三九　北魏铜造像背光（馆藏号4158）

光连铸一体，高浮雕，高约4.5厘米。菩萨头戴冠，五官清晰，眼角高挑，隆鼻大嘴，下颌尖瘦，颈饰项圈，身着天衣，外套肩部向外微翘的披帛于胸前十字相交，又上绕搭臂肘后向外下垂，双手于胸前施禅定印，跣足侍立（图三九；图版一一七—图版一二五）。

（8）隋代铜菩萨立像

馆藏号4157，铜质，通高约21、底径约6.4厘米。菩萨头戴莲花宝冠，宝缯垂肩，头微前倾，脑后以插榫组合的方式饰镂空的中间圆轮状、周围火焰纹的头光。面容饱满，眉间有白毫，眉弯目细，微微俯视。颈挂三道串珠，下系璎珞，于胸前相交处前缀莲花瓣，再往下于腹部裙腰处缀方形牌，往下左右分股垂于两腿间上绕于身后。上身袒露，下着翻腰长裙，裙摆外撇。双肩搭披帛，于身后绕搭于左臂腕后下垂，向身体外侧飘洒。左臂略弯下垂，手握净瓶；右臂屈肘，手腕残缺（推测原为右手上举，执杨柳枝或莲蕾？）。菩萨腰肢微扭，跣足立于仰覆莲台上，台下为圆形台座。菩萨双脚下有横向插榫插入仰覆莲台的中间凹槽，以固定身体与莲台座。菩萨面丰肩圆，颔首挺胸，身体圆润饱满，璎珞花饰及披帛等粗硕饱满、深垂直膝，极显端庄典雅、雍容华贵之仪态（图四〇；图版一二六—图版一三七）。

（9）隋开皇十四年铜佛坐像

馆藏号4162，铜质，通高约8.5、宽约3.4厘米。佛高肉髻，身后莲瓣形背光与像合铸，结跏趺坐于束腰方台座上，下承四足方形床座，床座四足阴刻发愿文："开皇十四年/四月廿一日/佛弟子僧公□/合门大小/造像一区。"造像整体遍布红色锈斑，面部五官及佛衣装饰不清。从发愿文可知，造像年代为隋代开皇十四年（594年）（图四一；图版一三八—图版一五一）。

（10）隋仁寿二年铜佛立像

馆藏号4161，铜质，通高约9.5、宽约2.2厘米。佛低肉髻，长圆脸颊，眉目清晰，莲瓣形头光，内阴刻火焰纹。左手施与愿印，右手作无畏印，着宽敞袍服袈裟，衣角在胸前绕搭于左臂腕下垂，跣足立于覆莲台上，覆莲下承托四足方形床座。床座四足阴刻发愿文："仁寿二年/三月廿五日/刘世文/□合门大/小/造像一/区。"从发愿文可知，造像年代为隋代仁寿二年（602年）（图四二；图版一五二—图版一六五）。

（11）隋五铢铜钱

馆藏号4164，铜质，钱径约2.3、穿径约0.9、郭宽约0.2、厚0.1厘米，重3.5克。方孔圆钱，正面中孔右"五"、左"铢"二篆字，"五"字交股两笔较斜直，"朱"首转角方折，"金"首三角内斜，分列方孔左右。面无穿郭，外郭宽平，钱背肉好均有郭（图四三）。

0　　2厘米

图四〇　隋代铜菩萨立像（馆藏号4157）

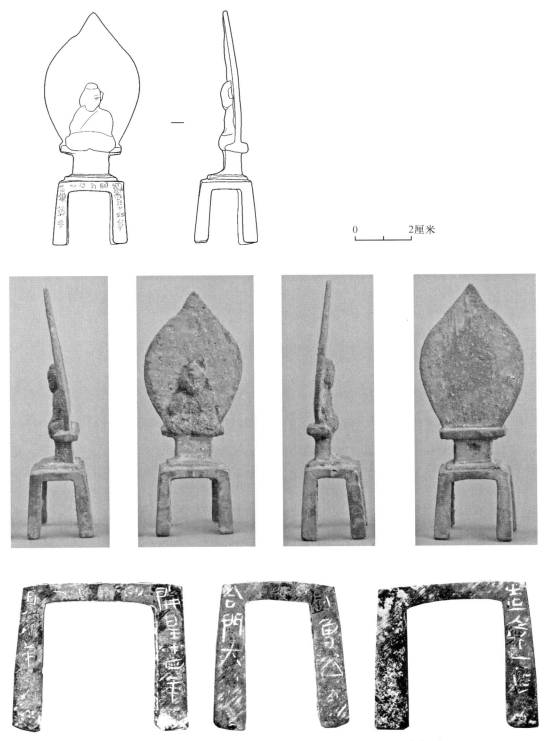

图四一 隋开皇十四年铜佛坐像（馆藏号4162）及发愿纪年拓片

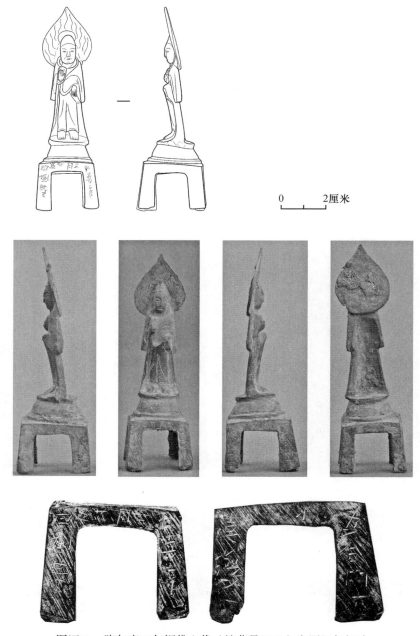

0　2厘米

图四二　隋仁寿二年铜佛立像（馆藏号4161）发愿纪年拓片

 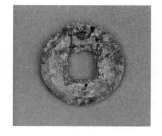

图四三　隋五铢钱（馆藏号4164）

表一　田园子石窟3号窟出土铜、石造像及钱币统计表

序号	馆藏号	名称	时代	质地	尺寸（厘米）	图片
1	4154	北魏坐佛画像石	北魏	石	底宽约15.5、上宽约12、厚约4、高约18.4	
2	4155	北魏四面造像石塔	北魏	石	底宽约5.4、上宽约4.4、高约10	
3	4156	北魏佛造像石碑	北魏	石	上宽约4、下宽约9、厚约4、高约9.8	
4	4163	北魏铜坐佛像	北魏	铜	通高约6.1、宽约3.4	
5	4159	北魏熙平二年铜释迦多宝佛像	北魏熙平二年（517年）	铜	通高约12.4、宽约5.8	

续表

序号	馆藏号	名称	时代	质地	尺寸（厘米）	图片
6	4160	北魏铜菩萨立像	北魏晚	铜	通高约11.2、宽约4	
7	4158	北魏铜造像背光	北魏	铜	高约11、宽约6.5	
8	4157	隋代铜菩萨立像	隋	铜	通高约21、底径约6.4	
9	4162	隋开皇十四年铜佛坐像	隋开皇十四年（594年）	铜	通高约8.5、宽约3.4	

序号	馆藏号	名称	时代	质地	尺寸（厘米）	图片
10	4161	隋仁寿二年铜佛立像	隋仁寿二年（602年）	铜	通高约9.5、宽约2.2	
11	4164	隋五铢钱	隋	铜	钱径约2.3、穿径约0.9、郭宽约0.2、厚约0.1	

第三章　蒲河流域其他新发现石窟

为进一步搞清新发现的田园子石窟的源流及其所在蒲河流域佛教石窟艺术的分布状况，在2017年3月结束对田园子石窟的发掘后，我们在蒲河流域相邻地区做了石窟寺专项考古调查。在镇原县文旅局、镇原县博物馆及方山乡政府的大力支持下，田园子石窟遗址发掘项目负责人在广泛征询考古线索下，逐步探听落实，利用考古发掘间隙，在线索人的带领下实地考察，收获很大，有很多新的发现和认识，对于我们综合分析蒲河流域石窟寺考古的分布现状及佛教文化传播交流的路线等研究有重要意义。

在田园子石窟西北约6千米处的三岔镇石咀行政村柳州城自然村蒲河南岸台地边缘，发现一处石窟，命名为柳州城石窟，石窟寺依靠山体开凿，山脚下就是柳州城址，属宋代柳泉镇所在。G309从紧邻石窟寺所在的柳州城址中部经过，往西经三岔镇可达固原市，往东经太白梁乡、桐川镇可通庆城县。从现场堆积中的残破建筑构件和上下几层的洞窟立面布局看，当时石窟寺规模不小，而且历史上延续使用时间很长，初步分析其开凿年代可能早到北魏时期，应该不晚于柳泉镇古城的建城时间，废弃年代可能到清代。

在田园子石窟西北约2千米处的方山乡政府对面的申家山北坡发现一处石窟，命名为申家山石窟，G309紧邻石窟寺建设，往西经三岔镇到达固原市，往东经太白梁乡、桐川镇可通庆城县。20世纪早期拓修道路多次，曾炸毁大部分洞窟。现仅残存2个洞窟，平面基本呈方形，窟龛形制保存基本完整，窟内三壁均为一佛二菩萨造像布局，窟壁上部均有成排小龛残迹，可能原为千佛题材。洞窟整体造像风化模糊不清。

在田园子石窟东南约28千米蒲河北岸的新集乡王寨村薛李庄自然村塬塬的黄土塬边缘坡底下，接近蒲河老河床的崖面上，发现一处石窟，命名为薛李石窟，大致为坐东面西的2个洞窟，相距约120米，近北侧的一个洞窟为中心塔柱式方形洞窟，四壁风化龛及造像仅存轮廓痕迹。只有中心塔柱四面龛内造像保存基本完好，为一佛二菩萨及二佛并坐题材。南侧的另一洞窟为平面横长方形洞窟，正壁及左右壁各开大龛，三壁造像仅存石胎轮廓，细部特征因为风化严重，已模糊不清。

根据形制、题材及样式初步判断，申家山石窟、薛李石窟也为北魏时期的佛教遗存，柳州城石窟现存遗迹也有北朝早期北魏时期的特点。新发现的这三处北魏时期的小型石窟，为进一步探究蒲河流域石窟分布及佛教艺术传播提供了最新资料。

以下对保存规模及遗迹相对完好的柳州城石窟、申家山石窟予以介绍，薛李石窟在后面专节详细介绍。

一、柳州城石窟

位于甘肃省庆阳市镇原县三岔镇石咀村柳州城自然村，G309的柳州城遗址南侧半山腰，洞窟本体在高度10—30、宽度700米的山体岩崖上。地理坐标为北纬36°0′16.3″，东经107°10′19.6″，海拔1231米。

从目前对遗存的调查看，柳州城石窟本体中保存基本完整的洞窟有8个，整体石窟从西南向东北排列，沿着山体石崖立面开挖洞窟，依次编号1—8号窟，其中1、2号窟坐北面南，两窟之间有约0.8米的通道相连。4—8号窟位于石窟东部，坐西面东，其中5、6号窟已经风化相连在一起。在东部的洞窟中，个别有上、下两层分布，可惜的是，上部洞窟因为风化坍塌基本上已不完整，仅保留向上攀登的斜坡台阶及石拱门遗迹，可以判断曾经上部可以通达（图四四）。

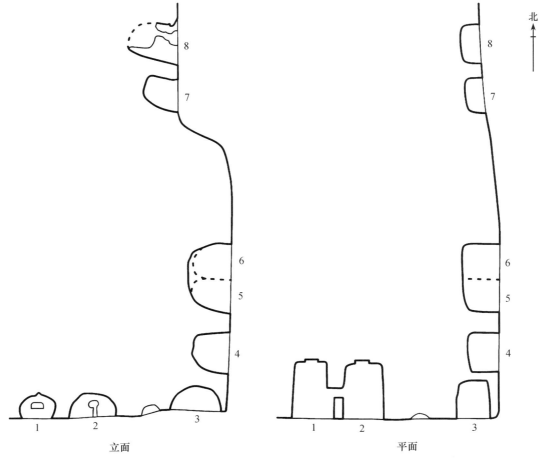

图四四　柳州城石窟平面、立面示意图

柳州城石窟所在山体的地质状况，裸露出的岩体属白垩统洛河组黄褐色粗砂岩夹砾岩，上部为紫红色巨厚层状中粒砂岩，下部为黄褐色粗砂岩，有明显交错层，泥砂质胶结，胶结程度低，孔隙率高，偶夹少量砾岩透镜体，砾岩为钙质胶结。地层整体性很好，看似酥松，实则坚固。由于其砂粒较细，砂质均匀易形成光洁平整的表面，适宜进行精雕细刻的加工，易于雕凿。但因岩石比较单一，强度低，易受气候环境中温、湿度的影响，很容易遭受风蚀及雨蚀的严重破坏。所以，柳州城石窟因风化、地质变化及人为破坏等原因，洞窟内的造像均已消失殆尽，仅剩造像窟龛及榫眼、沟槽等建筑痕迹。洞窟外的崖面上个别仅存小龛或者凿刻凹陷痕迹，无摩崖造像遗存，也无相关地表建筑遗址保留。在地面调查中，在个别大窟窟门外遗留有建筑残构件，比如砖、瓦等。在洞窟外，还采集到极少的石质单体造像碑残段，可见佛像头部或者佛像身体姿态，从造像风格看似为北朝时期的造像，推测该石窟寺最初开凿可能也早到北魏时期。其石窟开凿规模的扩大至少不晚于宋代，在元、明、清时期均有不同程度的续建。

（一）1号窟

1. 位置

位于柳州城石窟的南部偏西侧，东侧与2号窟相邻。

图四五　柳州城石窟1号窟正壁局部

2. 方向

坐北面南。

3. 形制

平面竖长方形，横向拱形券顶，洞窟整体似窑洞。窟门向南开。东侧与2号窟有一通道相连。

窟内正壁（北壁）雕凿有一圆拱形壁龛，龛内底部有长方形台基，龛高1.3米，龛右侧有一圆形榫眼，台基高0.3、宽1.8米，洞窟口残高1.27米，顶宽1.28、底宽1.26米；窟门已风化坍塌变形，呈不规则状，残高2.15、残宽1.82米。

窟外崖面，门洞东侧可见一小龛，门洞上部可见水平成排小龛分布，因风化所致，造像已不存（图四五）。

4. 尺寸

洞窟高2.2、宽3.6、深4.8米。1号窟与2号窟之间的通道长0.8、高1.2、宽0.7米。

5. 内容

窟内壁面空白，造像均已风化残失。

6. 现状

窟顶有裂隙，局部风化有坍塌，地面有碎石堆积。

（二）2号窟

1. 位置

位于柳州城石窟的南部中间，西侧与1号窟相邻。

2. 方向

坐北面南。

3. 形制

平面竖长方形，横向拱形券顶，洞窟整体似窑洞。窟门向南开。

窟内正壁（北壁）西侧原有雕凿已向内凹陷，似为凿拱形门洞的痕迹（图四六）。

4. 尺寸

洞窟高1.35、宽2.39、深5.3米，窟门残高1.6、残宽3.35米。1号窟与2号窟之间的通道长0.8、高1.2、宽0.7米。

5. 内容

空窟，造像均已风化残失。

图四六　柳州城石窟2号窟正壁局部

6. 现状

窟顶有裂隙，局部风化有坍塌，地面有碎石堆积。

（三）3号窟

1. 位置

位于柳州城石窟的南部偏东侧，西侧与2号窟相邻。

2. 方向

坐北面南。

3. 形制

平面横长方形，竖向拱形券顶，顶部较平，洞窟整体似窑洞。窟门向南开。窟内正壁（北壁）立面平整壁直，底部凿刻留出平台，前部地面稍低于平台（图四七）。

图四七　柳州城石窟3号窟正壁局部

4. 尺寸

洞窟高1.9、宽1.7、深1.5米，窟门残高1.6、残宽3米。

5. 内容

空窟，造像均已风化残失。北壁壁面有小的凿刻痕迹及孔眼，有规律上下呈两排分布，可能是塑像、壁画时挂泥固定所用。

6. 现状

窟顶前檐有坍塌，窟内平台前部有塌毁，窟内壁面有风化现象。

（四）4号窟

1. 位置

位于柳州城石窟的东南部，南侧与3号窟相邻。

2. 方向

坐西面东。

3. 形制

平面横长方形，拱形券顶，洞窟整体似大龛。窟门向东开。

4. 尺寸

洞窟宽6.6、深5.3米。

5. 内容

空窟，造像已全部风化残失。

6. 现状

窟顶风化，有裂隙，洞窟局部有坍塌。

（五）5号窟

1. 位置

位于柳州城石窟的中部东侧，南侧与4号窟相邻。

2. 方向

坐西面东。

3. 形制

平面横长方形，拱形券顶，洞窟整体似窑洞。窟门向东开。

4. 尺寸

5、6号窟由于风化侵蚀已相连，宽6.6、深5.3米。

5. 内容

空窟，造像已全部风化残失。

6. 现状

窟顶风化，有裂隙，洞窟废弃。

（六）6号窟

1. 位置

位于柳州城石窟的中部东侧，南侧与5号窟相邻，以北约16米为7号窟。

2. 方向

坐西南朝东北，62°。

3. 形制

平面竖长方形，拱形券顶，洞窟整体似窑洞。窟门向东北开。

4. 尺寸

洞窟残高3.6、残宽3、残深2.7米。

5. 内容

空窟，造像已全部风化残失。

6. 现状

窟顶风化，有裂隙，洞窟废弃。

（七）7号窟

1. 位置

位于柳州城石窟的北部东侧，南侧与6号窟相邻，以南约16米为6号窟。

2. 方向

坐西面东。

3. 形制

平面竖长方形，拱形券顶，洞窟整体似窑洞。窟门向东开。

4. 尺寸

洞窟残高2.2、残宽2、残深1.8米。

5. 内容

空窟，造像已全部风化残失。

6. 现状

窟顶风化，有裂隙，洞窟废弃。

（八）8号窟

1. 位置

位于柳州城石窟的北部东侧，南侧与7号窟相邻。

2. 方向

坐西面东。

3. 形制

平面竖长方形，拱形券顶，洞窟整体似窑洞。窟门向东开。

4. 尺寸

洞窟残宽2.5、残深2.5、残高1.8米。

5. 内容

空窟，造像已全部风化残失。

6. 现状

窟顶风化，有裂隙，洞窟废弃。

在调查柳州城石窟中，于洞窟外采集到单体石造像碑残件2块，如下图（图四八）所示：左侧的一块残造像碑，高28、宽18、厚8厘米，红胶泥质，背屏式，整体雕刻成尖拱状，上小下大，下部左侧残缺。中间减地雕刻造像一尊，头部发髻中间凸起，两侧发髻下垂，侧脸，五官细部风化不清。左手自然下垂、手心向前、手指并拢伸直，作与愿印。右手举至胸前、手掌心向前、手指向上伸直，施无畏印。结跏趺坐，着圆领通肩佛衣，整体显得厚重。佛衣阴线、袈裟半覆搭右臂外侧，经右腋之下绕过，部分在双腿之间形成"U"形褶皱，再上绕将左肩和臂肘一并覆搭。佛衣覆盖佛座边缘，两侧衣角外撇，佛衣褶皱有规律地呈左右对称状。从造像整体造型看，头部似菩萨样式，下身着衣又似佛衣袈裟，显示民间信众及地方工匠对佛教艺术形象的理解和把握不到位的特点；尽管造型如此模糊不定，但其总体古拙、简朴的民间造型样式，还是具有北魏时期的时代特点。右侧的一块，背屏式，残缺，上部圆拱状，仅存高肉髻的佛头上部，左侧垂肩大耳，面部残缺，五官不清。从高肉髻、大耳垂肩及瘦长面型的造型看，应该是北魏晚期汉化形式的瘦骨清像风格佛教造像的样式。

在柳州城石窟的东侧紧挨着的就是柳州城址，位于三岔镇石咀行政村向东100米的柳州自然村蒲河南岸上。东接十八岘，南依柳州城山，西邻石咀自然村，北临蒲河，东临清水河，清

图四八　柳州城石窟调查采集单体石造像残件（石造像碑残2件）

水河在城的东南注入蒲河。南北宽约270、东西长约300米，面积约8.1万平方米。此城呈不规则形，依山势而就，现已破坏严重，仅存残垣高2米左右，长50余米。南有一小筑城，门向不清。在城址内，现为耕地，随处可拣到有豆青刻花、白釉瓷器残件、绿釉、青釉及黑釉的碗、碟等标本。

　　据《武经总要》载："柳泉镇，旧名䳟鸽泉，今名柳泉镇。西即熟户明珠、灭藏、康奴等族帐。北绥宁寨，西至故城五里，东至宁州界七十里，南至州四十里，北至环州界十里。"①康熙《镇原县志》："柳泉镇，县西北七十里。旧名䳟鸽原。宋庆历中置，西即熟户明珠灭藏康奴等族，北绥宁砦。"②道光《镇原县志》载："细腰葫芦古城：环原之间有明珠灭藏康奴三族最大（即今县西北十八岘，宋柳泉镇与环县接壤，即明珠等所居之地，故曰环原之间）。其北有二川交通西夏。范仲淹议筑古细腰城断其路，命知环州种世衡知原州蒋偕董其事。《庆阳府志》宋范仲淹命威州知州种世衡等筑城，城成隶原州。《李志》宋细腰古葫芦泉北，俱有路入番界故韦州（今灵夏）。庆历中修筑绥宁、靖安等四堡，相为应援，捍御西夏。《辑志》县西北一百二十里细腰张家有城址，即固原志所云在州东北一百五十里者是也。地名葫芦泉，今名徐家台。宋范仲淹有奏，详艺文并详纪事。"③还有1987年版《镇原县志》："县北八十里（今三岔与方山交界处的清水河桥西），即十八岘地所谓柳泉城。宋为镇，今废城尚存。"④通过以上文献的记载分析，并现场勘查现今的柳州城址，其北临蒲河、东临清水河，清水河在城的东南注入蒲河，位于柳州城村的清水河以西的城址，就是历史上的柳泉镇。

　　文献中多次提及的明珠、灭藏、康奴三族，据学者研究，认为："明珠"亦作"敏珠尔"，"灭藏"亦作"密桑""嘉勒藏"，"康奴"亦作"康努卜"，均系原州吐蕃大族。康奴族居住在古柳泉镇（今镇原县西北）以北的康家河谷。明珠、灭藏二族则分布在柳泉镇西北，三族居地均在原州柳泉镇一带⑤。北宋时原州柳泉镇，即今镇原县三岔镇的柳州城址所在，柳州城石窟，位于北宋柳泉镇城内的西北角。柳泉镇，古已有城，在宋与西夏时期，在其西北及其附近就是明珠、灭藏、康奴三族的聚居区域，其开窟造像的历史必然与柳泉镇的历史

　　① （宋）曾公亮：《武经总要》前集卷十八"原州"柳泉镇，明万历二十七年（1599年）刊，金陵富春堂发行，清嘉庆重刻本。

　　② （清）钱志彤、张述辕纂修：《镇原县志》卷上"古迹"柳泉镇，康熙五十四年（1715年）刻本。

　　③ （清）李从图总纂、张辉祖编纂：《镇原县志》卷八《地理志》"古迹"，道光二十七年刻本。该志文中提及《李志》《辑志》，在此具体说明所指。据1987《镇原县志》（镇原县志编辑委员会、庆阳地区印刷厂印刷（内部资料），1987年）"张辉祖及慕少堂所著县志，皆有董继舒创修县志之记载。眘旧志续编云：所谓李志者，明崇祯时邑宰李大兰所刊邑贡生董继舒之旧稿也"。今查历代官职表记载：'李大兰于明万历二十年（1592年）任县令，刊修县志。"另，1987《镇原县志》的"第十七编 艺文"之第五章 镇原前志序跋选"所记述镇原历代编修县志的情况可知：明末崇祯时，县令李齐聘董继舒编修《镇原县志》二卷，是为"李志"；清代，先是张述辕又编志稿，后来有过数十年，张辉祖补辑县志，编成《镇原志补辑》二十二卷，就是所说的"辑志"。

　　④ 镇原县志编辑委员会：《镇原县志》，内部资料，1987年。

　　⑤ 刘建丽：《北宋对秦陇地区的统治与经营：对陇山东西地区的经营》，《甘肃通史·宋夏金元卷》，甘肃人民出版社，2009年。

有关联，其开窟造像的功德主或者造像主，想必也可能与明珠、灭臧、康奴三族有关。在北宋与西夏反复争夺的边疆地区，长期戍守此地的官兵士卒，直面战争和疾苦，佛教信仰的需求也是必需的，在驻守的军防城镇里面就近开窟造像也是当时的普遍现象。

二、申家山石窟

位于甘肃省庆阳市镇原县方山乡蒲河行政村申家山东缘、蒲河西南20米的石崖上，距G309地面高约20米，G309自西北—东南向从洞窟东侧穿过。地理坐标为北纬35°58′31.2″，东经107°12′26.7″，海拔1194米。现场调查可知，洞窟由西南向东北现存2个窟，依次编号。但从周边查看情况可知，历史上可能不止2个洞窟，东侧临近现在的G309，之前修路炸山时毁坏了一些洞窟，具体情况已经不得而知。

（一）1号窟

1.位置

位于申家山山崖东侧，近G309西侧，东北侧为2号窟。

2. 方向

坐西向东。

3. 形制

平面呈马蹄形，平顶，窟门坍塌呈不规则形。

4. 尺寸

洞窟高2.7、宽3.6、深3米。窟门高2.2、宽2、深0.5米。

5. 内容

从窟内残留造像痕迹判断，三壁均为一佛二菩萨造像。

西壁，造像风化模糊，仅存大致石胎轮廓。

北壁，造像保存相较西壁明显。佛残高1.45米，菩萨残高1.3米（图四九）。

南壁，造像风化模糊，也仅存大致石胎轮廓。

图四九　申家山石窟1号窟北壁

6. 现状

洞窟整体保存差，坍塌严重，岩石裂隙发育，风化剥蚀严重。

（二）2号窟

1. 位置

位于申家山山崖东侧，近G309西侧，西南侧为1号窟。

2. 方向

坐西北面东南。

3. 形制

平面呈长方形，穹窿顶。窟门呈不规则长方形，西壁、北壁及南壁上部均有小龛。

4. 尺寸

洞窟高2.6、宽2.75、深2.61米，窟门高1.3、宽1.3、深0.7米。佛高2.03米，菩萨高1.85米。窟门上方残存小龛，造像残高0.8米。

5. 内容

窟内造像风化严重，仅轮廓尚清晰可辨。

西壁，一佛二菩萨，主佛结跏趺坐，胁侍菩萨站立，保存较好。

北壁，一交脚弥勒二胁侍菩萨，仅剩轮廓可见，尤其下部交脚弥勒的双脚特征明显（图五〇）。

南壁，一佛二菩萨，风化不清，只剩中间主佛轮廓。

东壁，窟门上方残存有五小龛，龛内造像已风化不清。

在西壁、北壁及南壁的上部均有小龛排列，内有小型造像，风化模糊，疑为千佛（图五一）。

6. 现状

洞窟整体保存差，坍塌严重，岩石裂隙发育，风化剥蚀严重。

图五〇　申家山石窟2号窟北壁

图五一　申家山石窟2号窟南壁上部小龛造像残迹

　　综合来看，申家山石窟现存2个洞窟，1号窟三壁均为一佛二菩萨，是表现三世佛题材。2号窟为正壁一佛二菩萨，北壁一交脚菩萨二胁侍菩萨，南壁一佛二菩萨，在西壁、北壁及南壁的上部均有小龛，疑为"千佛"，以坐佛、交脚弥勒配胁侍菩萨及千佛的组合表现的也是三世佛题材。造像风格上，佛像清秀，身体修长，菩萨身体挺拔。窟内壁面上部排列小龛表现千佛，总体是表现大乘佛教的"三世十方佛"的思想。比较来看，其与田园子石窟第3、4号窟的造像在时代、风格上大体相同或者相似。

　　田园子石窟、申家山石窟、柳州城石窟紧邻G309，是历史上古道交通的重要节点。往西北方向经三岔镇可达固原市，与丝绸之路东段北道交汇，往东经太白梁乡、桐川镇可通庆城县，与丝绸之路的"灵州古道"相交汇，可见这几处石窟寺处于丝绸之路古道交通的焦点位置。从某种意义上说，也揭示了佛教艺术传播交流的路线和方向。

第四章 薛 李 石 窟

  2017年3月18日，镇原县方山乡蒲河行政村田园子自然村村民在修路拓宽村道施工时，意外暴露出一处石窟寺遗存。受省文物局委派，省文物考古研究所指派专业人员主持发掘工作。发掘工作结束之后，为进一步厘清田园子石窟的源流及其所在蒲河流域佛教石窟艺术的分布情况，对发掘点相邻地区做野外调查走访。根据线索了解，在田园子石窟所在地田园子村东南约28千米、蒲河流域下游的新集镇王寨村薛李庄自然村开展石窟寺专题调查，新发现了薛李石窟。

  薛李石窟，位于镇原县新集镇王寨村薛李庄自然村，在黄土塬面上一处小地名叫塬塬的坡底下，蒲河自西北向东南流淌，在其北岸坡地上就是石窟所在，地理坐标为北纬35°46′42.39″，东经107°24′40.96″，海拔1134米。在位于蒲河北岸高于现今河床约5米的山前坡地上开凿有2个洞窟，南北间距约120米（图五二；图版一六六—图版一七〇）。洞窟为坐东北向西南，自西北向东南依次编1、2号窟。

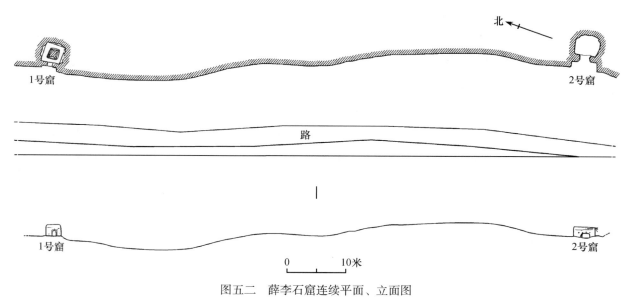

图五二　薛李石窟连续平面、立面图

（一）1号窟

1. 位置

位于镇原县新集镇王寨村薛李庄自然村，在黄土塬面塬塬的坡底下的蒲河北岸，高于现今河床约5米的山前坡地上。在2号窟之西北，间隔约120米。

2. 方向

洞窟开口向西北，基本坐东南面西北，窟向287°。

3. 形制

洞窟形制为平面方形中心柱窟，中心柱平面大致呈不规则方形，前壁有拱形门洞，洞顶为方形平顶，中间为中心柱（图五三；图版一七一——图版一七七）。

4. 尺寸

从门洞向内东西进深约4.4米，窟内最宽处南北向约4.2、东西向3.6米。中心柱平面大致呈不规则方形，南北向边长为1.85—1.9、东西向为1.6—2米，中心柱四周廊道宽0.8—1米。前壁拱形门洞高约1.3、宽0.95—1.2、进深约0.75米。窟高约2.6米。

5. 内容

从残存现状分析推测，窟内除前壁（西壁）阴刻壁画外，在后壁（东壁）、左壁（南壁）及右壁（北壁），原似各雕凿有拱形大敞龛，龛内可能雕凿一佛二菩萨造像，现今因风化剥蚀脱落，造像龛形制模糊不明，壁面因风化剥蚀成不规则形凹陷，造像仅存模糊轮廓，无一身细部可明确辨认（图版一七九—图版一八五）。

在西壁的门洞两侧阴线刻画壁画，大部分画面因风化潮湿已脱落，现仅存少许刻画内容。

门道的左侧（南面）现仅存依稀可辨的、上下错落的五匹奔马残形，奔马仅存头部及脖子，身体部分已斑驳剥落不存。从仅存的形象可看：奔马均头向北、尾朝南，作昂首嘶鸣状，前蹄腾空，体态轻盈，健壮生动。在门洞上面一匹马的前面似有旌旗猎猎。

门道的右侧（北面）残存阴线刻一身侍立形象，可见身穿交领长袍，双手并拢胸前，袖口宽大下垂，生动逼真，推测为供养人或者供养比丘。

从残存的奔马、旌旗及供养人等图像内容来综合分析，似乎表现的是佛弟子引导的"车马出行"内容（图五四—图五六；图版一七八）。

重要的是，在中心柱的四面各雕凿浅龛，龛内造像基本形象尚存，详细如下（图版

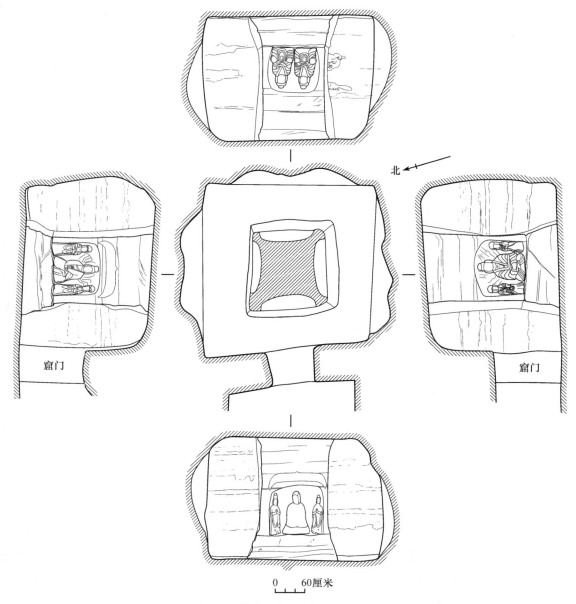

图五三　薛李石窟1号窟平面、剖视图

一八六—图版一八九）。

（1）中心柱后壁（东壁）

减地雕凿浅龛，其上原有浅浮雕圆拱形龛楣，已风化脱落不存。高浮雕释迦、多宝二佛并坐。坐佛均为高平肉髻，大耳垂肩，面形方圆，肩圆胸廓，内着斜领偏袒右肩的僧祇支，外穿露胸通肩式袈裟，自身后通覆双肩、右衣角绕搭左肘。双手施禅定印，结跏趺坐于低台座上。佛衣均为阴线刻衣纹，双腿间衣纹呈"U"形（图五七；图版一九〇—图版一九二）。左侧佛高0.85米，右侧佛高0.83米。龛高0.92、龛底宽0.9米，龛底边距地面0.6米。

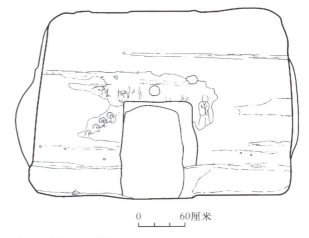

0　　60厘米

图五四　薛李石窟1号窟西壁立面影像图、线图

图五五　薛李石窟1号窟西壁门洞两侧残存图像影像图、线图

图五六　薛李石窟1号窟西壁门洞南侧奔马、门洞北侧弟子
1. 南侧奔马　2. 北侧弟子　3. 南侧奔马特写

（2）中心柱左壁（南壁）

减地雕凿浅龛，其上原有浅浮雕圆拱形龛楣，现已风化模糊不存。高浮雕一佛二菩萨。主尊坐佛，低圆肉髻，大耳垂肩，面形方圆，内着斜领偏袒右肩的僧祇支，外穿露胸通肩式袈裟，自身后通覆双肩，右衣角绕搭左肘，阴线刻衣纹。双手施禅定印，结跏趺坐于座上。胁侍菩萨均头戴花冠，双肩披帛，披巾胸前相交绕搭双臂向下飘垂，下身穿裙，侍立坐佛两侧。左菩萨双手合十于胸前。右菩萨左手握披巾边，右臂屈肘，似手握莲蕾。造像整体风格健壮、敦实（图五八；图版一九三—图版一九五）。主佛高0.95米，左菩萨高0.69米，右菩萨高0.7米。龛高1、龛底宽1.06米，龛底边距地面0.6米。

（3）中心柱右壁（北壁）

减地雕凿浅龛，其上浅浮雕圆拱形龛楣，形制尚存。高浮雕一佛二菩萨。主尊坐佛，低圆肉髻，大耳垂肩，面形方圆，内着斜领偏袒右肩的僧祇支，中衣衣缘两侧于胸前结带，通覆双肩和双腿间，右衣角从肩部直裹右臂至肘部，并从底部绕过覆搭左肘，外穿双领下垂式露胸袈裟，自身后通覆双肩，右衣角仅在肩头包裹，从后背下绕覆盖右腿，再覆搭左肘。坐佛阴线刻衣纹，双手施禅定印，结跏趺坐于低台座上。胁侍菩萨均头戴花冠，面形方圆，双肩披帛，披巾于胸前相交绕搭双臂向下飘垂，双手于胸前合十，下身穿裙，侍立坐佛两侧。造像整体风格健壮、敦实（图五九；图版一九六—图版一九八）。佛高0.9米，左菩萨高0.8米，右菩萨高0.79米。龛高1.05、龛底宽1.25米，龛底边距地面0.6米。

（4）中心柱前壁（西壁）

减地雕凿浅龛，其上浅浮雕圆拱形龛楣，形制尚存。高浮雕一佛二菩萨，因风化作用，坐佛和胁侍菩萨的面部五官及身体衣饰细部皆模糊不清，仅可见大致轮廓，坐佛为结跏趺坐，手印不明。菩萨侍立，双臂腕及手部姿态模糊不明（或为双手合十？）（图六〇；图版一九九—图版二〇一）。佛高0.89米，左菩萨高0.8米，右菩萨高0.85米。龛高1、龛底宽1.25米，龛底边距地面0.6米。

6. 现状

从残存现状分析，窟内除前壁（西壁）外，在后壁（东壁）、左壁（南壁）及右壁（北壁）原似各雕凿有拱形大敞龛，龛内可能雕凿一佛二菩萨造像，现今因风化剥蚀脱落，造像龛形制模糊不明，壁面风化剥蚀成不规则形凹陷，造像仅存模糊轮廓，无一身细部可明确辨认。

在西壁的门洞两侧，阴线刻划图像壁画，大部分画面因风化潮湿已脱落。

中心柱龛像外壁风化脱落斑驳，龛下部有岩石风化开裂缝隙，左、右壁为斜向裂隙，后壁为水平裂隙，继续发展可能影响石窟中心柱及洞窟的稳定性。

0　　　　　60厘米

图五七　薛李石窟1号窟中心柱后壁（东壁）立面正射影像图、线图

0　　　　　60厘米

图五八　薛李石窟1号窟中心柱左壁（南壁）立面正射影像图、线图

0　　　　　　　60厘米

图五九　薛李石窟1号窟中心柱右壁（北壁）立面正射影像图、线图

0　　　　　　　60厘米

图六〇　薛李石窟1号窟中心柱前壁（西壁）立面正射影像图、线图

（二）2号窟

1. 位置

位于镇原县新集镇王寨村薛李庄自然村，在黄土塬面上塬塬的坡底下的蒲河北岸，高于现今河床约5米的山前坡地上。在1号窟之东南，间隔120米左右。

2. 方向

大致为坐东面西，窟向275°。

3. 形制

平面横方形（马蹄形？），平顶，三壁凿大敞浅龛，前壁有敞开的洞门。在窟前门洞上部的崖面遗留有水平分布的几处桩眼，间隔约0.5米，由此推测窟门原应有遮檐性质的一面坡建筑构件（图六一；图版二〇二—图版二〇九）。

图六一　薛李石窟2号窟窟外全貌

4. 尺寸

洞窟东西进深约4.75米（含门洞），南北长约4.2、东西宽约3.6米。门洞呈梯形，高约1.25、底宽约1.85、顶宽约1.3、进深约1.15米。

5. 内容

从残存现状分析推测，窟内除前壁（西壁）门洞两侧外，在正壁（东壁）、左壁（南壁）

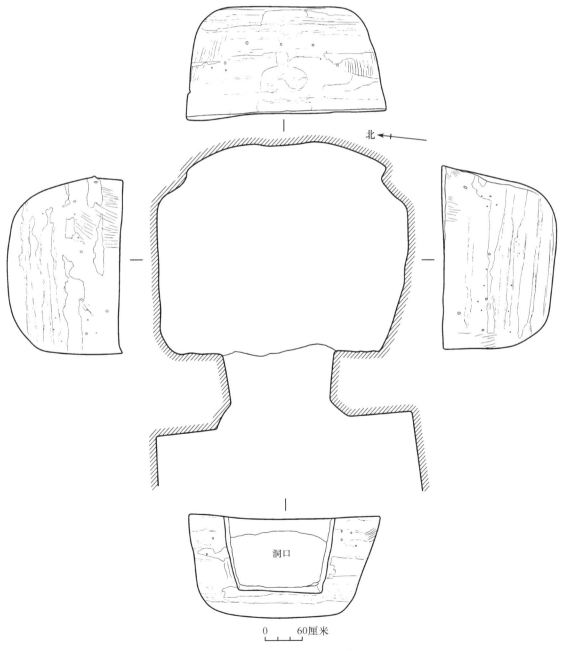

图六二　薛李石窟2号窟平面、剖视图

及右壁（北壁）原似各雕凿有拱形大敞浅龛。现今因风化剥蚀脱落，原有造像的石胎轮廓及龛缘成不规则形凹陷。左、右壁壁面残存的曾经塑造佛像的桩眼、绘制壁画的地仗泥皮和下层崖壁凿痕，反映出洞窟早期造像及壁画的制作技术和洞窟题材布局的蛛丝马迹（图六二）。

正壁，从壁面残存的桩眼及中间凸起的墙壁石胎轮廓可知，龛内原雕凿一佛二菩萨造像，现仅存大致模糊轮廓，细部不可辨认（图版二一○）。

左壁，从壁面残存桩眼可知，原来有泥塑造像，现已不存（图版二一一）。

右壁，从壁面残存桩眼可知，原来有泥塑造像，现已不存。仅存中间一块壁画，在地仗层白色粉底上有红色条带，似为绘制造像头光的残存（图版二一二）。

前壁，从门洞两侧壁面残存的桩眼可知，原来有泥塑造像，现已不存（图版二一三）。

6. 现状

窟外原有遮檐构件已不存，仅存洞眼。窟内正、左、右壁造像及龛均风化不存，仅存模糊的痕迹及残存的桩眼。窟内地面原似低于窟外，由于年久失修，窟内进水并填满淤泥，窟门亦被杂草覆盖。

第五章　对蒲河流域石窟寺的初步认识

第一节　对田园子石窟的初步认识

镇原县位于甘肃省东部庆阳市。在历史上，夏商周时期属雍州，秦属北地郡，汉首置临泾县，属安定郡，唐时属关内道泾州临泾县，元称镇原州，明改州为县，沿承至今。镇原自古为丝绸之路东段关陇北道的必经之地，其境内自南向北有洪河、茹河、交口河、蒲河及黑河等几大河流分布，大致均为西北—东南向流经县域，整个地势西北高东南低，几条河均流入蒲河，再汇入泾河，最终流入黄河。

田园子石窟所在的蒲河地域，在北魏属豳州西北地郡安武县[①]，到隋代属安定郡湫谷县[②]。该石窟目前未见有相关联的历史文献记载和纪年碑碣可证其开凿背景，对于其开凿年代及特点的分析，只能依据同时代及相近地域的石窟、造像材料做对比分析，以下从形制、功能、题材内容及佛教思想背景方面进行探讨。

一、洞窟形制及造像特点

田园子石窟开凿在蒲河支流的官路沟水西侧下层的砂石崖面上，洞窟大致为坐西向东，自西南向东北相邻。除1号窟形制保存完整外，其他窟均有不同程度的坍塌残毁。2号窟前壁及窟顶前部残损，3、4号窟顶部破坏，基本不存，窟内壁面造像均有不同程度的风化残损。

---

①　谭其骧主编：《中国历史地图集》第四册《东晋十六国、南北朝时期》54、55 "北朝魏雍、秦、豳、夏等州"，中国地图出版社，1982年。

②　谭其骧主编：《中国历史地图集》第五册《隋、唐、五代十国时期》7、8 "关陇诸郡"，中国地图出版社，1982年；（唐）李吉甫撰，贺次君点校：《元和郡县图志》卷三《关内道》泾州条："临泾县，上，东南至州九十里。本汉旧县，属安定郡。隋大业元年于今县理置湫谷县，取县内湫谷为名。" 中华书局，1983年，第57页。

（一）洞窟形制

田园子石窟1号窟为平面竖长方形前后坡顶窟，2号窟为三壁相连低平台的平面方形穹窿顶窟，3、4号窟为三壁拱形敞龛、平面方形、疑似穹窿顶的洞窟。从2号窟到3、4号窟，造窟的形制前后稍有变化。

从《魏书·释老志》[①]的记载可知，北魏佛教受到凉州佛教的影响。北魏灭北凉使得凉州佛教的基础受到动摇，沙门佛事皆转移到了北魏首都平城。但很快遭到了太武帝灭佛的打击，直到452年文成帝即位，重用凉州高僧师贤，并在平城为太祖以下五帝各造一赤金佛像。师贤去世后，凉州僧人昙曜又继任沙门统，并得到文成帝的同意开凿云冈石窟。北魏佛教首先在首都平城得到发展，直到6世纪20年代形成了具有佛教艺术中心地位的所谓"平城模式"，并强有力地影响了北魏疆域的石窟寺开凿及佛教艺术的发展。

关于云冈石窟分期的第一期"昙曜五窟"（第16—20窟）形制上的特点，宿白先生说："各窟大体上都摹拟椭圆形平面、穹窿顶的草庐形式；造像主要是三世佛（过去佛、当今佛和未来佛）和千佛；主像形体高大，占据了窟内面积的大部分""石窟布局紧凑，形象造型雄伟，佛像服装或右袒，或通肩；衣纹流行仿毛质厚衣料而出现的凸起的式样。"[②]云冈昙曜五窟开凿于文成帝复法以后的和平年间（460—465年），个别洞窟如第16窟的工程后延到太和后期才完工，是由从凉州去的沙门统师贤的继任者昙曜主持开凿的。昙曜五窟造像以中间高大的主尊佛像占据窟内主要位置和窟内空间，仅留很小的前部空间供人礼拜，使膜拜者抬头望之有高不可及的威严感。另外，模拟草庐的穹窿顶，肩宽体壮、高鼻深目、丰脸形圆的大像等也是其最显著的特征，并以三世佛为主要题材，因而，昙曜五窟成为云冈模式的代表，也是北魏疆域之内石窟营造参照的样板。在麦积山石窟早期的74、78及51窟，窟内三世佛高大佛像置于三面高坛基上，坛基前仅留较小的礼拜活动空间，穹窿顶，佛像面形丰圆，宽眉高鼻，着偏袒右肩袈裟，衣边外翻，这些特征与昙曜五窟有较多相似之处，尤其是与第20窟大佛更为相似。云冈第18、19窟胁侍菩萨都是正面直立[③]，与麦积山74、78窟的情形也是一样的，三佛同坐于坛基上，且等高。整个洞窟造像题材、造像特征及空间的经营位置应该是源于昙曜五窟[④]。田园子石窟2号窟三壁相通的低平台塑像的方式，与麦积山石窟早期74、78及51窟三面高台基、高大造像置于其上的做法类似，还有模拟草庐形式的穹窿顶，这些都是对云冈一期"昙曜五窟"形制特点[⑤]借鉴吸收下的流行样式，可见2号窟无论形制还是造像内容，都间接受到了云冈石窟

---

① （北齐）魏收：《魏书》卷一百一十四《释老志》，中华书局，1974年。

② 宿白：《云冈石窟分期试论》，《考古学报》1978年第1期。

③ 〔日〕水野清一、长广敏雄：《云冈石窟》第十二卷，第十八洞，图版53；《云冈石窟》第十三卷，第十九洞，图版96、107，京都大学人文科学研究所，1954年。

④ 魏文斌：《麦积山石窟几个问题的思考和认识》，《敦煌研究》2003年第6期。

⑤ 宿白：《云冈石窟分期试论》，《考古学报》1978年第1期；魏文斌：《麦积山石窟几个问题的思考和认识》，《敦煌研究》2003年第6期。

的影响。

田园子石窟3、4号窟平面方形、三壁拱形敞龛及穹窿顶的建筑形制，是北魏晚期比较流行的做法，大致与云冈三期的四壁三龛等小型窟龛的形制相当，也与麦积山石窟北魏晚期流行的方形平顶三壁三龛窟类似。

（二）洞窟类别及功能

佛教在古印度传播中出现的石窟寺，最初是作禅修用的，印度主要有支提（Caitya）窟与毗诃罗（Vihara）窟两种形式，前者是中心塔柱窟，后者是佛殿兼僧房窟。传入中国以后，逐渐有了多种窟形，比如：佛殿窟、佛坛窟、大像窟、中心塔柱（塔庙窟）、僧房窟、罗汉（禅）窟及禅窟群等。其中，前三者均为礼拜窟[1]。还有如"僧房窟、禅窟、影窟、瘗窟、仓储窟、讲堂窟、礼拜窟"，以及"中心柱窟、佛殿窟、大像窟、佛坛窟、涅槃窟"等类型[2]的分类。

北魏时，禅僧们大行开窟造像，就是为了造像、观像、礼佛和供养，这些都是僧人习禅的需要，也是禅僧们修持的课题。但开窟造像的目的不仅仅是观像、礼佛和供养，其本身也是在做功德。僧人习禅，是一种思维修法，要进行禅思，就需要有安静的环境。开凿禅窟，就是要选择在更幽静的地方单独开凿小窟，或者在石窟寺的小型洞窟内四壁造像，作为禅修观像的地方。这就是北魏佛教重禅和盛行凿窟之间存在着一定联系的普遍认识[3]。

从田园子石窟所处环境来看，其处在蒲河的小支流官路水沟石崖下，在北魏当时的社会环境当下，也是相对僻静的所在。就其目前发掘出土的4个洞窟的情况看，实际上就是既有用作生活起居的洞窟，又有用作禅修、礼拜的洞窟，可供僧人、俗人等完成敬拜等宗教礼仪及禅修等活动，其于社会与个人的宗教基本功能完整。

田园子石窟1号窟，从遗迹分析，窟内的壁面未见雕凿造像的痕迹，地面有烧火灰烬堆积。其他2—4号窟有残存造像及佛坛或佛龛遗迹，表现三世佛、释迦、弥勒等佛教内容，都是一般习禅僧人谛观的主要形象。结合目前所见4个窟的形制及造像开凿现状来分析其窟形、功能，进而综合推测分析得出结论：1号窟可能是用作生活或禅修的洞窟，类似于古印度石窟寺中的"毗诃罗窟"的僧房窟，只是不像古印度那样窟形复杂，而是结合了中国本土化的建筑结构模式，具体地说就是采用了几千年以来陇东黄土高原窑洞的穴居模式，前后坡式窟顶雕凿也是借鉴当地土木结构建筑屋顶的最为简单常用的方式；2号窟是三面低平台雕凿佛像，模拟草庐的穹窿顶的造像洞窟；3、4号窟是三面开龛雕凿佛像的禅窟，也是类似穹窿顶的造像洞窟。可见，2—4号窟都有着供禅修僧人们用来做禅修观想及祈福礼拜之用的禅窟的功能，从这个功能来说，又可以归为礼拜窟。

---

① 宿白：《中国石窟寺研究》，文物出版社，1996年，第16页。
② 马世长：《中国佛教石窟的类型和形制特征——以龟兹和敦煌为中心》，《敦煌研究》2006年第6期。
③ 刘慧达：《北魏石窟与禅》，《考古学报》1978年第3期。

（三）题材内容及特点

1. 题材内容

田园子石窟的佛教造像题材比较简单，作为地方性的小石窟寺，不像有皇家背景或者地方部族势力供养的大中型规模的石窟那样题材繁复，在具备当时历史背景之下的流行的佛教思想意识的前提下，雕凿出极具地方特点的艺术造型，同样也是宝贵的佛教艺术。

2号窟，三壁低平台上雕凿结跏趺坐的过去佛、结跏趺坐的释迦佛和交脚菩萨的组合，另外各配胁侍菩萨。交脚菩萨的形象，应该是表现弥勒菩萨上生兜率天宫作为补处菩萨及后来作为未来佛的身份，是上生信仰和下生信仰的图像表现，与其他两身结跏趺坐佛像一起在洞窟里面出现，也就是表现过去、现在和未来的"三世佛"思想。其东壁门道南侧小方龛内释迦、多宝佛并坐，源于《法华经·见宝塔品》，是北魏流行的法华信仰的产物，反映出十六国北朝时期禅观思想的流行。以三世佛内容为主，佛像面形方圆，宽肩平胸，覆肩袒右式袈裟，是受云冈一期"昙曜五窟"的影响而延续的特点。除了在云冈石窟二期开始流行并较多地出现外，在炳灵寺、麦积山石窟北魏时期也可见到。这种在石窟中较多出现的"释迦佛+释迦、多宝佛+弥勒"的题材组合，是十六国北朝时期的禅观思想流行的反映，也是佛教发展中法华思想信仰的集中体现，反映了三世佛的信仰①。

另外一点，在2号窟东壁门道南侧小方龛内雕塑释迦、多宝佛并坐，面对北壁的交脚弥勒的图像配置，可能也有着佛教经典中的关于"法华"和"往生兜率"二者图像关系的注解，比如：《妙法莲华经》卷七《普贤菩萨劝发品第二十八》："……若有人受持读诵解其义趣，是人命终为千佛授手，令不恐怖不堕恶趣，即往兜率天上弥勒菩萨所。弥勒菩萨有三十二相，大菩萨众所共围绕，有百千万亿天女眷属，而于中生。有如是等功德利益，是故智者应当一心自书若使人书。受持读诵正忆念如说修行。世尊，我今以神通力故守护是经，于如来灭后，阎浮提内广令流布使不断绝。"②此经的意思，凡受持、读诵《法华经》及了解法华要旨者，皆可往生兜率，面谒弥勒。也就是说，只要修习法华，就会得到往生兜率的福报。田园子石窟2号洞窟与《法华经》关系密切，反映了强烈的法华思想。在洞窟的北壁凿出弥勒菩萨，也正是《法华经》中所讲修持法华者的福报。

关于"释迦佛+释迦、多宝佛+弥勒"题材组合，在合水县的保全寺石窟第3龛也可见到，龛中套刻小龛，龛内正中雕释迦、多宝并坐，在其侧开龛，内雕交脚弥勒，龛壁成排雕刻78个

---

① 刘慧达：《北魏石窟中的"三佛"》，《考古学报》1958年第4期；贺世哲：《关于十六国北朝时期的三世佛与三佛造像诸问题》，《敦煌研究》1992年第4期、1993年第1期。

② 《大正藏》第9册，第61页。也见于竺法护译：《正法华经》卷十《乐普贤品》，《大正藏》第9册，第133页。

莲瓣状小千佛龛①，就是"释迦佛+释迦、多宝佛+弥勒"的题材组合，与田园子石窟2号窟的整体题材布局有异曲同工的设计，由此联想，推测可能2号窟的壁面原来也有"千佛"的壁画或者刻画，只是目前已经风化不存。可见，2号窟的造窟布局样式与合水保全寺石窟有关系。实际上，作为目前在陇东地区时代较早的石窟寺来说，保全寺石窟是北魏太和时期的作品，其洞窟中的释迦、多宝佛对坐及交脚弥勒是其流行的主要题材，这些造像布局实际上也是深受云冈石窟的影响并结合地方特点的形式。所以从造像题材的流行组合来说，田园子石窟2号窟与陇东地区北魏太和时期的合水保全寺石窟、张家沟门石窟②的时代接近，也反映出田园子石窟的这类题材必定深受云冈石窟的影响，其传播交流的路线可能与陇东地区较早的保全寺石窟同样有密切的关系。

这种"释迦佛+释迦、多宝佛+弥勒"及千佛的组合，在陇东地区之外的石窟遗存中，也能见到类似的组合表现。在云冈石窟第二期洞窟中，"释迦佛+释迦、多宝佛+弥勒"及千佛的组合开始流行，并成为其主要的造像组合题材，云冈二期洞窟在云冈一期的基础上，继续雕凿禅观的主要佛像三世佛、释迦、弥勒和千佛，还按照禅观的要求，把有关形象连缀起来，如上龛弥勒、下龛释迦，反映在释迦与多宝及弥勒三像的组合③，此不一一举论。随便检举一例，比如，在龙门石窟古阳洞南壁正中，刻有许多小拱形龛，龛内有坐佛，龛楣上大多刻有过去七佛。右上角是一座宝塔，周围环绕着飞天，宝塔的壁龛中，自下而上第一层是释迦坐佛，第二层是释迦牟尼和多宝佛，第三层是交脚弥勒④。宝塔上、中、下造像龛也构成"释迦佛+释迦、多宝佛+弥勒"的组合（图六三）。类似的造像组合在其他石窟寺中也不乏其例，可见这种"释迦佛+释迦、多宝佛+弥勒"的表示"三世佛"组合的思想也是北魏时期比较多见的佛教图像表达方式。

图六三　龙门石窟古阳洞南壁正中造像⑤

①　郑国穆、魏文斌：《甘肃合水保全寺石窟调查简报》，《石窟寺研究》（第二辑），文物出版社，2011年，第18—23页。

②　甘肃省博物馆、庆阳地区博物馆：《甘肃张家门、保全寺、莲花寺石窟调查记》，《文物资料丛刊（3）》，文物出版社，1980年。

③　宿白：《云冈石窟分期试论》，《考古学报》1978年第1期。

④　〔瑞典〕喜仁龙著，赵省伟主编，栾晓敏、邱丽媛译：《5—14世纪中国雕塑》，广东人民出版社，2019年。

⑤　采自〔瑞典〕喜仁龙著，赵省伟主编，栾晓敏、邱丽媛译：《5—14世纪中国雕塑》，广东人民出版社，2019年。

除了石窟寺中所见之外，在镇原、天水及固原等地区，北魏太和时期的小型青铜造像也流行"释迦佛+释迦、多宝佛+弥勒"这种组合形式的题材，比如：镇原县城关镇路坡村出土的青铜造像，大概铸造于北魏太和时期，正、背面的造像组合，即释迦、交脚弥勒、释迦多宝并坐及千佛的组合，背面上层屋形龛内为弥勒菩萨，两侧胁侍菩萨双手合十，中层千佛，下层圆拱龛内释迦、多宝佛并坐（图六四）[①]，与其有着高度相似设计构图、大小尺寸几乎一样的还见于天水市博物馆藏铜佛造像（图六五）[②]、佛利尔美术馆藏F1911.137北魏铜坐佛造像（图六六）[③]、固原市博物馆藏彭阳县新集乡出土北魏铜造像（图六七）[④]，以及辽宁省博物馆藏铜佛造像（图六八）[⑤]，从构图设计上看几乎是一模一样的，无论是正面佛像，还是背面的上下几层造像及建筑等细节，它们的时代大概在北魏太和时期。还有，西安市莲湖区市建三公司出土鎏金铜佛造像（图六九）[⑥]，虽然与前面几尊总体上在设计构图相似，但在背面造像上却略有细部的细微差别，其也是太和时期的双面造像。这种造像正、背面前后内容的组合形式在铜造像中是比较特别的，类似的造像还可见于松原三郎《中国佛教雕刻史论》图版编一第55ab、第57ab、第58ab、第59ab所收录的4件铜佛像（图七〇—图七三）[⑦]。西安市莲湖区市建三公司出土鎏金铜佛造像更接近于松原三郎《中国佛教雕刻史论》图版编一的第58ab、第59ab两件造像，虽然设计构图雷同，但是佛像的平行细密线阴刻衣纹的处理方式，可能是来自陕西关中地区为主流行区，主要流行于陕西中、北部及甘肃东部、宁夏南部等区域的6世纪上半叶的造像风格[⑧]，是在继承上述的镇原、固原、天水、西安等地出土铜造像设计构图思想不变的前提下，在6世纪初以来吸收了陕西关中地区创造的地方风格而铸造的。

其实早有日本学者注意到这些相似的金铜造像大约可能制作于中国的宁夏、甘肃一带[⑨]。有学者把这种造像归纳为北魏中期太和时期的"西北风格"的代表，也认为佛利尔美术馆藏F1911.137铜造像与固原博物馆征集的铜造像在正背面内容、布局方式及尺寸大小上都极为相

①　魏文斌、吴荭：《甘肃镇原县博物馆藏北魏青铜造像及有关问题》，《敦煌研究》2003年第3期；浙江省博物馆：《一带一路佛教文化艺术特展·佛影灵奇：十六国至五代佛教金铜造像》，文物出版社，2018年，第76页，图37。

②　浙江省博物馆：《一带一路佛教文化艺术特展·佛影灵奇：十六国至五代佛教金铜造像》，文物出版社，2018年，第74页，图35。

③　常青：《金石之躯寓慈悲：美国佛利尔美术馆藏中国佛教雕塑（研究篇）》，文物出版社，2016年，第37页，图7、8。

④　宁夏固原博物馆：《固原历史文物》，科学出版社，2004年，第141、142页。

⑤　辽宁省博物馆：《妙相庄严：辽宁省博物馆藏佛教造像精品集》，辽宁人民出版社，2011年，第48页。

⑥　于春：《长安地区北魏佛教造像的形制特征》图六，《考古与文物》2015年第6期；浙江省博物馆：《一带一路佛教文化艺术特展·佛影灵奇：十六国至五代佛教金铜造像》，文物出版社，2018年，第72页，图34。

⑦　〔日〕松原三郎：《中国仏教彫刻史論》图版编一《魏晋南北朝前期》，吉川弘文馆，1995年，图版55、57—59。

⑧　常青：《试论北魏关中地区佛教造像的地方风格》，《故宫博物院院刊》2020年第3期。

⑨　〔日〕松原三郎：《中国初期金銅仏の一考察》，《中国仏教彫刻史論》之《本文編》，吉川弘文馆，1995年，第17頁。

图六四　镇原县博物馆藏城关镇
路坡村出土青铜造像（正、背）

图六五　天水市博物馆藏铜佛造像
（正、背）

图六六　佛利尔美术馆藏F1911.137
北魏铜坐佛造像（正、背）

图六七　固原市博物馆藏
彭阳县新集乡出土北魏铜造像
（正、背）

图六八　辽宁省博物馆藏铜佛
造像（正、背）

图六九　西安市莲湖区市
建三公司出土鎏金铜佛造像
（正、背）

图七〇　松原三郎《中国佛教雕刻史论》
　　　　图版编一第55ab（正、背）

图七一　松原三郎《中国佛教雕刻史论》
　　　　图版编一第57ab（正、背）

图七二　松原三郎《中国佛教雕刻史论》
　　　　图版编一第58ab（正、背）

图七三　松原三郎《中国佛教雕刻史论》图版编一第59ab（正、背）

　　似，但是却把造像背面上部屋形龛的主尊认定为坐佛[①]。我们认为可能存在误读，虽然造像在铸造时由于青铜模具细部刻划不到位或者铸造的青铜铜液配比原因造成流动性的差异，使得细部特征诸如佛像腿部表现模糊等，但是我们还是可以从整体身体上下的比例来判断，其仍是身体修长的交脚弥勒菩萨的样子，不可能是结跏趺坐佛的身体较矮的样子。

　　以上所提及的10例双面铜造像，这里面唯有三例不一样的地方，就是西安市莲湖区市建三公司出土的铜佛造像、松原三郎《中国佛教雕刻史论》图版编一第58ab、第59ab这3件铜佛像，虽然在正、背面布局方式上的设计构图基本雷同，也是双面造像，但是确实可以明确看到，在其造像背面的上部屋形龛的主尊是结跏趺坐佛，而不是交脚菩萨，而且是一佛二菩萨三尊像的配置。这可能就是对弥勒作为未来佛的不同图像的表现，交脚菩萨是作为弥勒上生兜率天宫的形象，而结跏趺坐佛是对作为未来佛的弥勒下生的另一种图像表达。但是无论如何变化，总体来说，其还是表示了"释迦佛+释迦、多宝佛+弥勒"的这种三世佛思想的组合。

　　归纳以上10例双面铜造像，相同处是正、背面布局方式上设计构图基本雷同，正面结跏趺坐佛在高床座上，左右胁侍菩萨各一，头光外围九身小坐佛环绕。背光的背面上中下三层：下层释迦多宝佛二佛并坐于尖拱楣带立柱龛中，外侧各一身胁侍菩萨，龛上两侧各一飞天；中层于八身坐佛并列一排，结跏趺坐于庑殿中；上层是屋形龛，两侧各有屋檐相连构成院落，正中配置主尊及胁侍。这种通过前后双面的图像设计表示三世佛思想，重点凸显未来弥勒及其天宫。不同之处是镇原、固原、天水、辽宁、佛利尔美术馆藏及松原三郎《中国佛教雕刻史论》

① 　常青：《金石之躯寓慈悲：美国佛利尔美术馆藏中国佛教雕塑（研究篇）》，文物出版社，2016年，第37页。

图版编一第55ab、第57ab的双面铜造像，都是背面上部屋形龛的主尊是交脚菩萨装弥勒佛，不是结跏趺坐弥勒佛，形成一交脚菩萨装弥勒四胁侍菩萨的五尊像配置，表示的是弥勒上生的图像。而在松原三郎《中国佛教雕刻史论》图版编一的第58ab、第59ab造像及西安市莲湖区市建三公司出土铜造像，背面上部屋形龛的主尊是结跏趺坐弥勒佛，而不是交脚菩萨装弥勒，形成一弥勒佛二胁侍菩萨三尊像的配置，表示的是弥勒下生的图像。这里的双面造像的背面上部屋形龛及相连的院落，无疑就是表示兜率天宫。

田园子石窟3号、4号窟为特别的"倚坐式"佛、结跏趺坐释迦佛和交脚菩萨的组合，各有胁侍菩萨，和2号窟一样，同样是表现过去、现在和未来的三世佛思想。不过这种双腿下垂、双脚外撇踩地的特别"倚坐式"姿态的佛，可能是陇东地域艺术造型世俗化的表现。

2. 造像特点

田园子石窟的洞窟造像，是北魏佛教艺术传播的时代特点和陇东地区石窟寺开凿地域特点相结合的产物。

2号窟的正壁主尊佛像，面形方圆、宽肩平胸显得健硕强壮，是受太和改制之前鲜卑化民族特征的外化表现的风格体现。在造像装饰衣纹细节的处理上，覆肩袒右式袈裟的胸前边缘衣纹，从左肩部斜向右下的浅阴刻折带纹的样式，和云冈石窟20窟主佛的胸前袈裟边缘很相似，也是明显地深受云冈一期的间接影响的延续。

关于佛衣袈裟的衣边刻折带纹的形式，在太平真君五年（444年）的朱业微造佛像[1]还没有出现刻折带纹的衣边，该造像基座上的供养人还是穿着宽博大袖的汉式服装，与北魏文成帝至孝文帝太和期穿胡服的形式截然不同，而在日本藤井有邻馆藏太安元年（455年）张永造佛像（图七四）[2]、太安三年（457年）宋德兴造石佛坐像（图七五）[3]就已经出现了，但还不是十分成熟。这里的田园子石窟2号窟主佛只是颈项粗短，宽肩平胸，覆肩袒右式袈裟的胸前袈裟边缘折带纹隐隐可见，衣纹线条粗犷，但基本的形神还是大体一样的，可见也可能是受太安年间张永造佛像及宋德兴造石佛坐像这种单体佛造像衣饰风格的影响，或者也有可能就在北魏太安（455—459年）、太和时期改制之前（477—486年）曾经就流行这种折带纹的佛衣装饰。类似的佛衣装饰，也可在邻近的陕西长武出土的单体石雕造像中见到，比如，陕西长武县丁家镇直谷村的太和三年（479年）刘元天造像[4]，主尊佛内穿僧祇支，外披袒右式袈裟，袈裟衣缘从右肩肩头覆盖臂膀边外侧，衣领边有折带纹，与云冈石窟20窟大佛的服饰相似；西安碑林博物

① 蔚县博物馆：《河北蔚县北魏太平真君五年朱业微石造像》，《考古》1989年第9期；浙江省博物馆：《一带一路佛教文化艺术特展·佛影灵奇：十六国至五代佛教金铜造像》，文物出版社，2018年，第120、121页，图73。
② 金申：《中国历代纪年佛像图典》，文物出版社，1994年，第16页，图13。
③ 金申：《中国历代纪年佛像图典》，文物出版社，1994年，第18页，图14；〔日〕松原三郎：《中国仏教彫刻史论》图版编一，吉川弘文馆，1995年，图版23。
④ 刘双智：《陕西长武出土一批北魏佛教石造像》，《文物》2006年第1期。

图七四　太安元年张永造佛像　　　　　　　　图七五　太安三年宋德兴造石佛坐像

馆藏和平二年（461年）释迦石像①主尊也是同样的覆肩袒右式，佛衣边缘做折带纹，这种服饰是典型的太和前期服饰样式。

　　田园子石窟第3、4号窟坐佛袈裟悬裳下垂，覆盖佛座边缘，两侧衣角外撇，密褶有规律呈左右对称。菩萨披帛肩部略外翘，天衣、飘带飘逸，裙摆飘散、宽松，属北魏晚期"秀骨清像"的汉化风格，其形象多见于云冈三期的诸小窟龛。佛衣下摆覆垂座缘的形式始见于龙门宾阳中洞本尊像，而后在巩县石窟寺北魏晚期造像中广为流行②，也是龙门石窟北魏晚期褒衣博带式袈裟的流行做法。

　　田园子石窟3号窟南壁的"倚坐佛"，其佛衣的穿着也比较有特点。其袒右肩、半披搭右肩袈裟的样式，最早在炳灵寺石窟169窟（图七六、图七七）③和北凉石塔④，莫高窟公认最早的洞窟之一的272窟主尊⑤，还有莫高窟435窟中心柱东向龛的倚坐像（图七八）⑥和437窟中心

　　①　李域铮、冈翎君：《陕西省博物馆收藏的一批佛造像》，《文博》1988年第4期；金申：《中国历代纪年佛像图典》，文物出版社，1994年，图80；裴建平：《西安碑林博物馆藏"□平二年"造像考释》，《碑林集刊（八）》，陕西人民美术出版社，2002年。

　　②　莫宗江、陈明达：《巩县石窟寺雕刻的风格及技巧》，《中国石窟·巩县石窟寺》，文物出版社、株式会社平凡社，1989年。

　　③　阎文儒、王万青：《炳灵寺石窟》，甘肃人民出版社，1993年，第21页；杜斗城、王亨通主编：《炳灵寺石窟内容总录》，兰州大学出版社，2006年，第184、188、202页。

　　④　殷光明：《北凉石塔分期试论》，《敦煌研究》1997年第3期。

　　⑤　樊锦诗、马世长、关友惠：《敦煌莫高窟北朝洞窟的分期》，《中国石窟·敦煌莫高窟（一）》，文物出版社，1982年；宿白：《莫高窟现存早期洞窟的年代问题》，《香港中文大学中国文化研究所学报》1989年第20卷。

　　⑥　敦煌研究院主编：《敦煌石窟全集·塑像卷》，商务印书馆，2003年，第34页，图21。

柱东向龛的倚坐像（图七九）[①]等都可见到，也见于麦积山石窟公认最早洞窟之一的78窟[②]主尊，还有在云冈石窟18、19、20窟的主尊（图八〇）[③]。这种袈裟穿着，在学界称呼不一，中国学者有"偏衫""半披肩袈裟""右肩半披肩袈裟""肩臂半露的偏袒右肩式袈裟"等说法，日本学者称之为"凉州式的偏袒右肩衣"，也有研究称为"半披式"佛衣[④]，可见这种袈裟穿着方式比较悠久。在炳灵寺石窟，169窟第6龛主尊，袈裟的右衣缘半披右肩后，顺右手臂外侧经肘下绕过，覆搭于左前臂。这种袈裟披着方式，与库木吐拉第20窟的坐佛相同，由此可见，可能炳灵寺169窟的艺术风格来源于西边[⑤]；炳灵寺169窟第22龛主尊、第9龛东向两身立佛，都是袈裟肩部的右衣缘半披右肩后经右腋之下绕过，将左肩和左臂或肘一并覆搭。只是在个体差异的具体表现时，立佛的右肩头覆搭袈裟衣缘多少不一样而已。这些佛的着衣共同特征是，内着僧祇支，外穿一层袈裟，在袈裟肩部的左衣缘自然下垂，右衣缘半披右肩头。而在莫高窟272窟主尊、麦积山石窟78窟主尊，还有云冈石窟18、19、20窟的主尊，其袈裟穿着相比炳灵寺石窟169窟的稍有不同，袈裟肩部的右衣缘半披右肩后经右臂或肘之下绕过，均向上覆搭于左肩于后部下垂，和左臂或左肘并没有覆搭接触。

第6龛主尊	第22龛主尊、第9龛东向两立佛（下栏从左至右排列）

图七六　炳灵寺石窟169窟佛衣对照图[⑥]

若再仔细考察田园子石窟3号窟南壁"倚坐佛"的着衣方式，和炳灵寺169窟的比较接近，而和莫高窟、麦积山石窟及云冈石窟有细节差异，其袈裟肩部的右衣缘半披右肩后经右臂外侧及右肘之下绕过，由于造像上部因风化剥蚀而模糊，是否向上覆搭于左肩于后部下垂，不得而知。但是，下部可见有覆搭左臂或左肘的迹象。这种佛衣样式，在5世纪中叶的北魏太安元年

①　敦煌研究院主编：《敦煌石窟全集·塑像卷》，商务印书馆，2003年，第37页，图24。
②　阎文儒：《麦积山石窟》，甘肃人民出版社，1983年，第15—59页。
③　宿白：《云冈石窟分期试论》，《考古学报》1978年第1期。
④　费泳：《中国佛教艺术中的佛衣样式研究》，中华书局，2012年，第206、207页。
⑤　贾应逸、祁小山：《印度到中国新疆的佛教艺术》，甘肃教育出版社，2002年。
⑥　采自费泳：《中国佛教艺术中的佛衣样式研究》，中华书局，2012年，第204页，表10。

图七七　炳灵寺石窟169窟西秦第9龛三立佛像[①]

图七八　莫高窟435窟中心柱东向龛倚坐像

图七九　莫高窟437窟中心柱东向龛倚坐像

① 采自董玉祥主编：《炳灵寺一六九窟》，海天出版社，1994年，图十一。

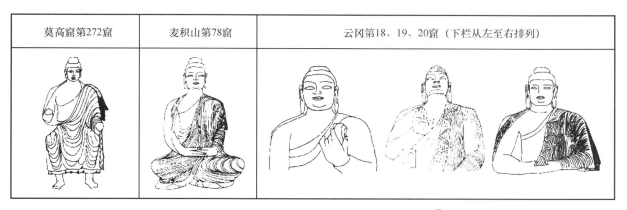

莫高窟第272窟	麦积山第78窟	云冈第18、19、20窟（下栏从左至右排列）

图八〇　莫高窟、麦积山及云冈早期佛衣对照图①

（455年）张永造佛像、太安三年（457年）宋德兴造石佛坐像、天安元年（466年）冯受受造石佛造像（图八一）②均可见到。尤其是冯受受造石佛造像，其袈裟覆搭右肩外侧经右腋下绕过的样式，更接近于田园子石窟3号窟南壁"倚坐佛"。八杉直藏的两面石像，高一尺七寸三分，有金彩痕迹（图八二）③，上部交脚菩萨，下部二佛并坐，正面二佛并坐的右侧坐佛，其

图八一　天安元年冯受受造石佛造像

图八二　八杉直藏两面石像

---

①　采自费泳：《中国佛教艺术中的佛衣样式研究》，中华书局，2012年，第207页，表11。
②　金申：《中国历代纪年佛像图典》，文物出版社，1994年，第16、18、23页，图13、14、17。
③　〔日〕大村西崖：《支那美术史雕塑篇》附图上，日本写真制版所，大正四年八月廿一日，第223页，图550。

袈裟覆搭右肩外侧经右腋下绕的样式，也更接近于田园子石窟3号窟南壁"倚坐佛"。到6世纪初，仍有佛像延续5世纪末之前的袈裟披搭右臂及肘外侧的"半披式"佛衣穿着，比如龙门石窟古阳洞南壁的北魏景明三年（502年）造释迦坐佛、景明四年（503年）法生造释迦坐佛（图八三）[①]，其佛衣样式也见于正始三年（506年）高阿兴造铜佛造像（图八四）[②]。

据学者研究，5世纪中期的北方石窟中主尊佛衣的样式变化，炳灵寺石窟169龛的主尊佛衣以"通肩式"居多，"半披式"次之，而到云冈一期（460—465年），主尊佛衣则为"半披式"一统，"通肩式"居次。莫高窟、麦积山早期主尊佛像衣着多为"半披式"，更接近于云冈的情况[③]。学者研究认为，莫高窟、麦积山十六国时期早期洞窟造像多已毁损不存，现存的早期造像是受云冈石窟影响的北魏造像[④]，可见云冈石窟作为皇家石窟，其早期造像对周边石窟寺具有影响和示范作用。这可以理解为，从某种程度上来说，田园子石窟可能受到云冈石窟的影响较多，而不可能深受莫高窟、麦积山的直接影响。但是，也不排除比如像炳灵寺169窟的袒右肩半披式的佛衣样式在田园子石窟3号窟重复出现的现象。

表现弥勒的交脚菩萨造型，在田园子石窟2—4号窟都有。2号窟的交脚弥勒，台座前左侧侏儒托座力士，蹲坐状，头侧向歪斜，右肩抵于交脚弥勒左膝处，左手扶按身后低台边缘，右手抚压右腿膝部，双腿用力做支撑状，其痛苦神情的生动传神，有明显世俗化倾向。台座右侧蹲狮，头作反顾状，其身形轮廓透出威猛神态。田园子石窟3号窟交脚弥勒，仅有狮子座，已无侏儒托座力士，而4号窟交脚弥勒的身边，狮子护法和托座力士全无，仅有造型简化单调、雕凿稚拙双足的交脚姿态。前后变化明显，一定程度上可反映出开窟时代早晚的变化。特别是2号窟的交脚弥勒，可与陕西兴平出土北魏皇兴五年（471年）交脚弥勒佛像（图八五）[⑤]、景明年间刘宝生造交脚弥勒像（图八六）[⑥]作对比，在造型上极为相似，是受云冈初期间接影响而后产生的样式。

根据以上对窟龛形制和造像风格样式的对比分析，田园子石窟为北魏时期的佛教遗存。其中2号窟造像为北魏"太和改制"[⑦]之前的样式，开凿年代当在太和初年的477—486年间，与云冈石窟二期（471—494年）[⑧]的时代相当，与陇东地区合水县平定川流域的保全寺石窟、张家沟门石窟时代接近；3号窟的造像时代晚于2号窟，属景明之后乃至延昌时期的样式。2号窟造像要早于北石窟寺的开凿年代永平二年（509年）；4号窟造像为北魏晚期"秀骨清像"汉化样

①　刘景龙：《古阳洞——龙门石窟第1443窟》（第一册），科学出版社，2001年，第144页，图版220。

②　金申：《中国历代纪年佛像图典》，文物出版社，1994年，第119页，图78。

③　费泳：《中国佛教艺术中的佛衣样式研究》，中华书局，2012年。

④　黄文昆：《麦积山的历史与石窟》，《文物》1989年第3期；黄文昆：《十六国的石窟寺与敦煌石窟艺术》，《文物》1992年第5期。

⑤　〔日〕松原三郎：《中国仏教彫刻史論》图版编一，吉川弘文館，1995年，第42、43頁。

⑥　李域铮：《陕西古代石刻艺术》，三秦出版社，1995年，第38页。

⑦　孝文帝新服制的实施，在太和十年到十八年（486—494年）这一阶段完成。参见宿白：《〈大金西京武州山重修大石窟寺碑〉的发现与研究》，《北京大学学报（哲学社会科学版）》1982年第2期。

⑧　宿白：《云冈石窟分期试论》，《考古学报》1978年第1期。

图八三　龙门石窟古阳洞南壁第66龛（比丘法生造像龛）及供养人、发愿文拓片

式，是田园子石窟最晚开凿的洞窟。所以，可以说田园子石窟是在蒲河流域石窟寺中目前所见最早的洞窟造像。

图八四　正始三年高阿兴造铜佛造像

图八五　皇兴五年交脚弥勒佛像

图八六　景明年间刘宝生造交脚弥勒像

二、出土遗物的时代及特点

田园子石窟3号窟出土的这些佛教文物，包括单体铜造像7件（其中1件为背光，铸有两胁侍菩萨），石造像碑1件，石造像塔1节，佛像画像石1件。

（一）铜造像

均为单体造像，共7件。从其体量来看，最小者为北魏铜坐佛像（馆藏号4163），通高约6.1厘米，最大者为菩萨立像（馆藏号4157），通高约21厘米。据其款式大小和造像发愿铭文可知，其出资者多为一般身份的平民，可见其是在当时民间相当普及流行的金铜佛像，也是可以随身携带和具有隐秘性特点的个人供奉佛像。这种小型像，除僧侣之外的一般所有者，可以在家供养，也可在佛教礼拜场所供养，比如在石窟寺内供养与石窟龛像一同来供奉礼拜。

田园子石窟3号窟出土的这批铜佛造像，由于修路施工破坏，其原始地层埋藏堆积情况不明，但推测可能也是这种情况。按照一般所说的金铜佛像的类别及渊源[1]来归类，应该都是小型佛像类，不属于文献所记载的巨像、丈八像、丈六像、等身像及中型小像中的任何一种。其造像工艺也是金铜佛像中的主流，就是模范铸造。

经对造像初步的局部除锈清理后，可辨有明确纪年者3件：熙平二年（517年）四足座释迦多宝佛像、开皇十四年（594年）四足座背光佛坐像、仁寿二年（602年）四足座背光佛立像。其他4件无纪年者分别是：长方形低台榻座背光坐佛像、背光四足座菩萨立像、二胁侍菩萨莲瓣形背光、火焰纹头光仰覆莲台菩萨立像。从其造像特点和风格来看，分属北魏和隋代。以下按照大致时代早晚顺序来逐一做简单的对比分析，辨明其时代特点和造像的样式及风格。

北魏铜坐佛像（馆藏号4163） 其身后莲瓣形背光与像合铸，背光显得低矮宽厚。坐佛，高肉髻，面型方圆，高鼻深目，宽肩阔胸，着圆领通肩袈裟，双臂屈肘于胸前，双手施禅定印，结跏趺坐于长方形双足低台榻座上。佛像整体显得粗壮健硕，佛头大，几乎与身体同等比例。从造像风格和造型看，应属北魏时期太和改制之前的造像，是田园子石窟3号窟这批出土造像中相对年代最早的，基本上可以对应2号窟的开凿时代背景。尤其是其左右双足低台榻座的样式，同样见于北魏太和时期的铜佛造像，比如：松原三郎《中国佛教雕刻史论》图版编一第55ab（图七〇）[2]、固原市博物馆藏彭阳县新集乡出土北魏铜造像（图六七）[3]及西安市莲湖

① 李静杰：《金铜佛的文献考察》，《故宫博物院院刊》1995年第1期；李静杰：《早期金铜佛谱系研究》，《考古》1995年第5期；何志国：《中国初期金铜佛及其来源》，《民族艺术》2009年第4期。

② 〔日〕松原三郎：《中国仏教彫刻史論》图版编一，吉川弘文馆，1995年，图版55、57—59。

③ 宁夏固原博物馆：《固原历史文物》，科学出版社，2004年，第141、142页。

区市建三公司出土鎏金铜佛造像（图六九）①，都是双足低台榻座的样式，而不像后期的长腿四足床座的样式，这些大概是北魏太和时期之前的金铜造像的古拙做法。

北魏熙平二年铜释迦多宝佛像（馆藏号4159）　与故宫博物院藏北魏铜释迦多宝像（图八七）②、河南博物院藏（卫辉市博物馆拨交）太和十一年（487年）李思造二佛并坐像（图八八）③，还有山东博兴龙华寺遗址窖藏出土的景明元年（500年）石景之造鎏金铜二佛并坐像（图八九）、正始四年（507年）张铁武造鎏金铜二佛并坐像（图九○）④、永平五年（512年）造二佛并坐铜像（图九一）⑤都较为相似，尤其是与陕西长武县博物馆藏延昌二年（513年）二佛并坐铜像（图九二）⑥更为相似，大小相差无几。在制作方法和设计布局上极为相似，都是释迦、多宝佛像与背光、四足床合铸，以细密线条表现圆领通肩式佛衣、火焰纹及化佛轮廓。发愿文均为铸后刻划在床足部位或铜像背光后面。其中，正始四年（507年）张铁武造鎏金铜二佛并坐像，就是在铜像背光后刻铭文"正始四年十二月六日，阳信县人张铁武造多宝像一区"（图九○）。

田园子石窟3号窟出土的这件释迦多宝佛像的发愿文年款为熙平二年（517年），是以上几件设计制作相似的二佛并坐造像中刻题年款较晚的。可见这种铜造像的艺术造型是从北魏太和开始，历经景明、正始、永平、延昌，一直到熙平时期都有传承沿袭，在陕西、甘肃、河南、山东及北京等地流传，其分布地域也是比较广泛的。

北魏铜菩萨立像（馆藏号4160）　与故宫博物院藏北魏中晚期铜菩萨立像（图九三）⑦、北魏铜观音菩萨立像（图九四）⑧横折下垂的宝缯、腹前交叉后绕肘向下飘垂的披帛的造型极为相似。菩萨头冠两侧的宝缯横折下垂的样式，可见于松原三郎《中国佛教雕刻史论》日本浜松

---

① 于春：《长安地区北魏佛教造像的形制特征》图六，《考古与文物》2015年第6期；浙江省博物馆：《一带一路佛教文化艺术特展·佛影灵奇：十六国至五代佛教金铜造像》，文物出版社，2018年，第72页，图34。

② 国家文物局国家文物鉴定委员会：《文物藏品定级标准图例·造像卷》，文物出版社，2011年，第210页，图156。

③ 浙江省博物馆：《一带一路佛教文化艺术特展·佛影灵奇：十六国至五代佛教金铜造像》，文物出版社，2018年，第78页，图39。

④ 李少南：《山东博兴出土百余件北魏至隋代铜造像》，《文物》1984年第5期；张淑敏、田茂亭：《浅谈山东博兴出土的北朝铜佛像》，《中原文物》2005年第2期；浙江省博物馆：《一带一路佛教文化艺术特展·佛影灵奇：十六国至五代佛教金铜造像》，文物出版社，2018年，第206、211页，图151、155。

⑤ 〔日〕大村西崖：《支那美术史彫塑篇》附图上，日本写真制版所，大正四年八月廿一日，第193頁，图500。

⑥ 浙江省博物馆：《一带一路佛教文化艺术特展·佛影灵奇：十六国至五代佛教金铜造像》，文物出版社，2018年，第95页，图52；另据《长武县文物志》（长武县文体旅游局编，三秦出版社，2015年）记载：1982年出土于长武县地掌镇司家河村，征集入藏长武县博物馆。

⑦ 国家文物局国家文物鉴定委员会：《文物藏品定级标准图例·造像卷》，文物出版社，2011年，第209页，图155。

⑧ 国家文物局国家文物鉴定委员会：《文物藏品定级标准图例·造像卷》，文物出版社，2011年，第149页，图96。

图八七　故宫博物院藏北魏　　　图八八　河南博物院藏太和　　　图八九　景明元年石景之造鎏金铜二佛
　　铜释迦多宝像　　　　　　　十一年李思造二佛并坐像　　　　　　　并坐像

图九〇　正始四年张铁武造鎏金铜二佛并坐像（背光刻划铭文拓片）[①]

---

　　①　背光刻划铭文拓片采自李少南：《山东博兴出土百余件北魏至隋代铜造像》，《文物》1984年第5期，图一六，2。

图九一　永平五年造二佛并坐铜像

图九二　长武县博物馆藏延昌二年二佛并坐铜像

图九三　故宫博物院藏北魏中晚期铜菩萨立像

图九四　北魏铜观音菩萨立像

市美术馆藏图193a、193b、193c的北魏菩萨立像，尤其是与193b（图九五）的样式最为接近[1]，也与北魏正光五年（524年）胡绊造观音立像（图九六）[2]相似。同时，参照东魏兴和二年（540年）铜观音立像（图九七）[3]，整体造型样式也极为相似。还有故宫博物院藏北齐天统二年（566年）铜鎏金兄弟三人造观世音像[4]，和其造型样式也整体雷同，其四足台座刻铭"天统二年七月十五日佛弟子弓□□兄弟三人愿敬造观世音像一区（躯）"，明确说是敬造观世音像，虽为晚于此菩萨立像的观世音造像，但可为此菩萨立像的尊格提供参考。该北魏菩萨立像就是观世音，也可称为莲花手观音立像，其时代大致在北魏正光（520—525年）前后。

　　关于莲花手观世音，是在金铜佛像中别具一格的造像类型。其绝大多数造像的造型有较强的共性，观世音立在四足床的覆莲座上，背光与像身合铸在一起，一手提净瓶或握披帛，另一手执长茎莲蕾。一般上身袒裸，下身着裙，头戴花蔓式冠，披帛绕肩后左端绕左臂，右端绕右臂飘

图九五　日本浜松市美术馆藏　　　图九六　正光五年胡绊造观音立像　　　图九七　东魏兴和二年铜观音立像
　　　　北魏铜菩萨立像193b

　　① 〔日〕松原三郎：《中国仏教彫刻史論》图版编一，吉川弘文馆，1995年，第193頁，图193a、193b、193c。
　　② 金申：《中国历代纪年佛像图典》，文物出版社，1994年，第170页，图119。
　　③ 金申：《中国历代纪年佛像图典》，文物出版社，1994年，第220页，图162。
　　④ 国家文物局国家文物鉴定委员会：《文物藏品定级标准图例·造像卷》，文物出版社，2011年，第156页，图103。

垂。许多造像胸前挂斜"十"字形璎珞①。该造型菩萨虽无明确的观世音铭题记，但可通过图像学的比对来判定其为莲花手观世音。菩萨像多为观世音像，体现了观音信仰在民间的盛行。

北魏铜造像背光（馆藏号4158）　　与日本根津美术馆藏北魏普泰二年（532年）尼昙颜造弥勒像背光（图九八）②极为相似。尤其是舟形背光正中自内而外浅浮雕中心莲瓣、四道同心圆弦纹凸起的造型，两侧沿背光边缘弧线向上遍布浅浮雕火焰纹的装饰，还有在背光两侧连铸于一体的胁侍菩萨和中间上下留出榫孔的布局模式，都是类似的金铜造像的时代特征。至于尼昙颜造弥勒像背光的边缘榫孔及化佛造型则是其个性之处，其时代大致在北魏普泰（531—532年）前后。山东省诸城市博物馆藏出土于诸城林家村镇青云村的东魏时期鎏金一佛二菩萨铜佛立像（图九九）③，其背光整体也为舟形，但肩部稍微宽扁成桃形，显得较为饱满，其正中自内而外浅浮雕中心莲瓣、三道同心圆弦纹凸起的造型，两侧沿背光边缘弧线向上遍布浅浮雕火焰纹的装饰，还有在背光两侧连铸于一体的胁侍菩萨和中间上下留出榫孔的布局模式，都和该北魏造像背光（馆藏号4158）极为相似。另外，还有一件出土于天水市秦安县、现藏甘肃省博

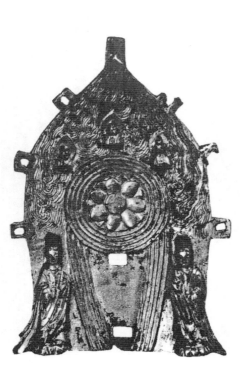

图九八　日本根津美术馆藏北魏普泰二年
尼昙颜造弥勒像背光

图九九　诸城市博物馆藏东魏时期
鎏金一佛二菩萨铜佛立像

---

①　李静杰：《早期金铜佛谱系研究》，《考古》1995年第5期。

②　金申：《中国历代纪年佛像图典》，文物出版社，1994年，第193页，图139；也见载孙迪：《中国流失海外佛教造像总合图目（第1卷）》，外文出版社，2005年，第142页。

③　浙江省博物馆：《一带一路佛教文化艺术特展·佛影灵奇：十六国至五代佛教金铜造像》，文物出版社，2018年，第131页，图82。

物馆的西魏时期一佛二菩萨铜造像①的背光造型，也有类似的特点。

　　关于田园子石窟3号窟出土的这件铜佛造像背光，也有研究者认为：其时代为西魏，形制与南朝背光相同。这些在西北地区出土的南朝式样造像，或与554年西魏攻克江陵政权，南朝文化正式融入关中有关②。可见，这种三道同心圆弦纹凸起、正中浅浮雕莲瓣、两侧边缘遍布火焰纹，与正中主立佛的胁侍菩萨连铸于一体的舟形背光金铜佛像，是北魏晚期到西魏、东魏比较广泛流行的金铜佛像造型样式，可能是受到南朝佛教造像样式的影响，或者说其造型吸收借鉴了南朝文化的装饰因素融合而成。

　　隋代铜菩萨立像（馆藏号4157）　　面丰肩圆，颔首挺胸，圆润饱满。璎珞花饰、披帛等都极粗硕饱满，深垂直膝。头冠后的镂空火焰纹头光和脚下所踩仰覆莲台可以和菩萨身体拆卸组合，无论其造型或工艺，都是这批单体造像中造型优美的精品之作。其整体造型与故宫博物院藏开皇三年（583年）常聪造铜鎏金观世音立像（图一○○）③相似，尤其是右手上举持杨柳枝，左手下垂握净瓶的姿势。另外，日本仓敷市大原美术馆藏隋开皇十三年（593年）得伏欢造石观音立像（图一○一）④、日本东京永青文库藏隋开皇二十年（600年）贾之宽造观音立像（图一○二）⑤、还有大村西崖《支那美术史雕塑篇》图709的观音铜像（图一○三）⑥，据传出土于陕西、现藏于纽约大都会艺术博物馆的铜观音菩萨立像（图一○四）⑦，无论其造型整体设计，还是艺术形象特点，尤其是菩萨身姿，包括左手下垂握净瓶，右手上举持杨柳枝的标准造型姿态的一致性，都是那个时代的共性特征。

----

　　①　浙江省博物馆：《一带一路佛教文化艺术特展·佛影灵奇：十六国至五代佛教金铜造像》，文物出版社，2018年，第162页，图112。

　　②　宣鼎文：《十六国至唐代佛教金铜造像概述》，《一带一路佛教文化艺术特展·佛影灵奇：十六国至五代佛教金铜造像》，文物出版社，2018年，第14页。

　　③　国家文物局国家文物鉴定委员会：《文物藏品定级标准图例·造像卷》，文物出版社，2011年，第88页，图39。

　　④　金申：《中国历代纪年佛像图典》，文物出版社，1994年，第323页，图240。得伏欢造石观音立像，隋开皇十三年（593年），石灰岩，高74厘米，日本仓敷市大原美术馆藏。发愿文：开皇十三年岁次癸丑十一月丁酉朔廿九日□丑，佛弟子得伏欢，为□弟洪□敬造玉石像一躯，藉册□回复（以上正面）。□者託生西方，□□闻法，又□七世□□父母眷属、法□众生、□□□乐□□八难、一时成佛。□□（以上左侧）。女升姿、男经会、男毛会、妻张英晖、妹畔姜、姊、次男、母张兰晖、父元略、祖母张小明、祖承贵。

　　⑤　金申：《中国历代纪年佛像图典》，文物出版社，1994年，第327页，图244。贾之宽造观音立像，隋开皇二十年（600年），黄花石，高38厘米，日本东京永青文库藏，见罗氏《海外贞珉录》、大村西崖《支那美术史彫塑篇》。发愿文：开皇廿年岁次庚申二月八日，佛弟子贾之宽为亡父、现存母敬造玉像一区，愿七世父母、法界众生、永去三涂，长辞八难，一时成佛。父仲俌、母王丑仁、亡弟世乾、弟石迁、□妹延□、亡妹相晖、女端□□、妻周□娘、亡妹舍那、亡妹金莲。

　　⑥　〔日〕大村西崖：《支那美术史彫塑篇》附图上，日本写真制版所，大正四年八月廿一日，第290页，图709。

　　⑦　〔瑞典〕喜仁龙著，赵省伟主编，栾晓敏、邱丽媛译：《5—14世纪中国雕塑》，广东人民出版社，2019年，图278。

图一〇〇　　故宫博物院藏开皇三年
常聪造铜鎏金观世音立像

图一〇一　　日本大原美术馆藏
隋开皇十三年得伏欢造石观音立像

图一〇二　　日本永青文库藏
隋开皇二十年贾之宽造观音立像

图一〇三　　大村西崖《支那美术史雕塑篇》
观音铜像

图一〇四　　美国大都会艺术
博物馆藏铜观音菩萨立像

（二）石造像

3件，有一座背屏式造像，一佛二菩萨，为北魏晚期造型样式。另有一座造像塔，为单层四面坡屋顶式的塔，四面凿浅小龛造像，背对的两面均为结跏趺坐佛，高肉髻，面容清瘦，细颈溜肩，着双领下垂式袈裟，施禅定印；相邻的其他两面为侍立菩萨，体态修长。还有一件磨制石砖上画像，在红色边框内墨绘结跏趺坐佛一身。这3件制作较为粗糙，均为小型可移动、随身携带的佛造像。

北魏四面造像石塔（馆藏号4155）　白石雕凿而成，小型单层塔，四面坡屋顶，虽然无屋脊瓦垄的清晰雕刻表现，但是四面雕凿小龛，龛内对角相对分别雕刻侍立菩萨和坐佛像，使得坐佛和相邻的菩萨组合，旋转四面观瞻，可见分别为一佛二菩萨组成的配置，构思巧妙。背面坐佛小龛不同于正面坐佛的是，小龛龛楣略呈帷帐形，似乎不是随意雕刻的行为，或许暗示其佛像的尊格是不一样的。

检视流失海外的佛教造像，发现日本私人收藏的西魏大统十四年（548年）比丘惠敬造单檐庑殿顶四面造像塔（以下简称"比丘惠敬造四面造像塔"）（图一〇五）[①]，可能与田园子石窟3号窟出土的北魏四面造像塔（馆藏号4155）有着相类似的宗教实用功能，我们分析研究存于日本的这件比丘惠敬造四面造像塔，或许有可能帮助我们理解出土的小型白石四面造像塔艺术造型的功能及内涵。

图一〇五　西魏大统十四年比丘惠敬造四面造像塔

---

①　〔日〕松原三郎：《中国仏教彫刻史論》图版编，吉川弘文馆，1965年；孙迪：《中国流失海外佛教造像总合图目（第3卷）》，外文出版社，2005年，第445、446页，需要说明的是，该书对此件文物命名称作"造像碑"不妥，应该称作"造像塔"。

　　比丘惠敬造四面造像塔，通高34.3厘米。正面：天幕形（盝形帷幕？）龛，龛内正中高浮雕坐佛，左手施与愿印，右手施无畏印，结跏趺坐于方台座，右脚外露，袈裟衣摆覆盖双腿并下垂覆盖台座，两侧对称浅浮雕胁侍菩萨。下部台座正中浅浮雕线刻香炉，两侧各一侧身蹲狮。背面：圆拱形龛，龛内正中一菩萨装倚坐佛，龛外侧浅浮雕二胁侍菩萨侍立。下部台座背面阴刻发愿文。两侧立面：各开竖长方形龛，较窄，无龛楣装饰，各浮雕一身胁侍菩萨侍立龛中，下部台座分别为两僧人持香炉侧身相对，以及两供养人侧身侍立。发愿文有"玉石天宫四堪像"，这里"四堪"就是"四龛"，即造像布局的四面龛，"天宫"就是指"兜率天宫"。实际就是以仿木构建筑的单檐庑殿顶宫殿的小石塔来表示弥勒上生、下生信仰中的"兜率天宫"。

　　佛教经典中关于弥勒菩萨信仰的记载，主要是根据《佛说观弥勒菩萨上生兜率天经》《佛说弥勒下生经》及《佛说弥勒大成佛经》这三部"弥勒三经"经典，前两部经典作为上生信仰，来表现弥勒菩萨作为一生补处菩萨，上生至欲界第四天兜率天。后一部经典作为下生信仰，是表现弥勒自兜率天下生，以修梵摩为父、梵摩越为母。成道后教化善财、父母等八万四千大众，并与今世之释迦佛同对众生劝说三乘教法。弥勒菩萨摩诃萨，又名阿逸多尊者，是继释尊之后的下一位世尊，民间称为"未来佛"。又谓，欲往生天宫，必修行十善，念佛形像，口称弥勒菩萨之圣名。以此功德并可超越九十六亿劫五逆之罪。古往今来，有很多大德都以其大菩提心往生兜率天，如印度的无著菩萨、天亲菩萨，在我国有玄奘大师、窥基大师等。从发愿文铭中所说"天宫四龛像"及其仿木构建筑的设计构图看，背后面龛中"菩萨装"倚坐像，就是表现下生信仰的作为未来佛的弥勒佛尊格，正面龛中结跏趺坐佛就是释迦佛的尊格。所以，这件单体四面造像塔，就是比丘惠敬修行念佛，口称弥勒菩萨圣名的修行弥勒下生信仰的随身携带物。

　　实际上，类似的以中国式宫殿建筑来表现弥勒菩萨于兜率天宫的经典形象，在石窟寺中也是比较多见的，如：莫高窟275窟南、北壁上部阙形龛的交脚菩萨，257窟中心柱南面上层阙形龛的思惟菩萨（图一〇六），259窟北壁上层阙形龛的交脚、思惟菩萨（图一〇七），435

图一〇六　莫高窟257窟中心柱南面上层阙形龛
（思惟菩萨）

窟中心柱南面上层阙形龛的交脚菩萨（图一〇八）[1]，这些都是表示弥勒菩萨的居所——兜率天宫；麦积山石窟74、78、100、128、144、148等窟以交脚菩萨和半跏思惟菩萨左右对称布局在正壁上部小龛内，也是表示弥勒菩萨的居所——兜率天宫等[2]。

统而观之，田园子石窟3号窟出土的四面石造像塔，为白石雕凿而成，相比比丘惠敬造四面造像塔而言显得较为粗糙，但是其用于佛教修行的功能是十分类似的，就是比丘僧随身携

图一〇七　莫高窟259窟北壁上层阙形龛（交脚、思惟菩萨）

图一〇八　莫高窟435窟中心柱南向阙形龛（交脚菩萨）

① 敦煌研究院主编：《敦煌石窟全集·塑像卷》，商务印书馆，2003年，第20、22、25、36页，图5、7、9、23。
② 魏文斌：《麦积山石窟初期洞窟调查与研究》，甘肃教育出版社，2017年。

带，用作修行念佛，口称弥勒菩萨圣名的膜拜对象。可见，3号窟出土的四面造像塔，也是表示弥勒菩萨在兜率天宫的情形，表现弥勒菩萨上生兜率天宫作为补处菩萨及后来下生成为未来佛的身份，是表现弥勒上生信仰和下生信仰的造像。小型的白石也就可以看作"玉石"[①]，以其视作宝贵的玉石材料来雕凿宫殿庑顶四面开龛形制的小塔，也可以称作"玉石天宫四龛像"。北魏以后，弥勒造像普及，弥勒信仰十分流行，除了多见的交脚坐弥勒菩萨、交脚坐弥勒佛外，还有倚坐式弥勒佛，甚至有结跏趺坐的弥勒佛，这些在云冈石窟中的弥勒造像中就有表现[②]。3号窟出土的小型白石四面造像塔内也是结跏趺坐佛，未见交脚或者倚坐式的佛，所以也可以表示为弥勒佛的尊格。

　　类似的情况在西安地区也可以见到。苏阿保四面造像塔，1988年出土，白石质，高36、宽16.57、厚11厘米（图一○九）。从形制来看，苏阿保造像塔的形制下大上小，收分明显。下层，三面开龛造像，背面无龛，仅刻题记；上层，镂空雕刻歇山式屋顶，四角立柱，柱头斗拱，上承枋额，檐角平直，瓦垄、檐椽及瓦当均雕刻，突出细节，四面造像，镂空雕刻龛门即阁楼立柱，左右两侧面龛内佛像，头部圆雕。背面下层阴刻题记一则，内容为："三年岁次巳（己）卯七月丙辰□/廿三日丁丑佛弟子苏阿保/为上租（诸）父母所生父母回缘眷/嘱（属）香火邑义等成正觉/租（诸）典孙　像主苏阿保息等/租（诸）亲刘回归妇卫阿□/父阿钟息景□/母杨阿昭伯……/"。原报告称为"双层造像碑"，认为其造像风格与西魏大统年间造像相似，

图一○九　苏阿保四面造像塔（正、背、左、右侧面）

---

① 佛造像雕塑中供养人的发愿文中往往称为"敬造玉像一区"等语句，这是个宽泛的概念，是对石材的泛称，不见得都是实实在在的玉石，玉像泛指一切石质雕造的单体造像或者造像碑、造像石。比如：隋开皇二十年（600年）贾之宽造观音立像（金申：《中国历代纪年佛像图典》，文物出版社，1994年，第327页，图244，日本东京永青文库藏，见罗振玉《海外贞珉录》、大村西崖《支那美术史彫塑篇》），其本身为黄花石材质，却在发愿文中称"佛弟子贾之宽为亡父、现存母敬造玉像一区"就是明证。得伏欢造观音立像，其为石灰岩材质，却在发愿文中称为"敬造玉石像一躯"也可证明。

② 魏文斌：《麦积山石窟初期洞窟调查与研究》，甘肃教育出版社，2017年，第437页。

故题记中的"三年"推断为西魏大统三年（537年）[1]。但是537年的干支是"丁巳"，而非"己卯"，与造像题记中"己卯"不符。6世纪前后有499年（北魏太和二十三年）、559年、619年（唐武德二年）的干支是己卯。559年的长安已改朝换代，为北周明帝宇文毓三年或武成元年。北周明帝无年号，第三年时改号为武成元年，这可能是"三年"的所指。故有研究认为三年苏阿保造像塔可能为北周明帝三年造像[2]。

该造像塔，上层也是歇山式屋顶结构，四面造像，镂空雕刻，龛门即阁楼立柱，左右两侧面龛内佛像头部圆雕，构成空中楼阁的建筑空间。正面正中菩萨装弥勒坐佛，两侧各一胁侍菩萨，这种空间布局及造像设计的宗教思想内涵，也是同样表示弥勒菩萨上生兜率天宫的情形。其白石质的石材质地同样可以看作"玉石"，也就是"玉石天宫龛像"的寓意。

还可见于1987年在西安市莲湖区唐李泉寺遗址出土的北魏双层佛塔（图一一〇）、攒尖顶四方亭形佛塔（图一一一）[3]，无疑也是表示弥勒上生信仰的兜率天宫的情形。

延续到6世纪后期，甚至到隋代，还有类似的三世佛及未来佛弥勒的思想表达的四面造像塔的形象，其四面造像及顶部塔形的设计构图也是表示弥勒上生信仰的兜率天宫及佛教思想。如，美国フリア美术馆藏四面石造像塔，6世纪后半叶（北周？），石灰岩，正面一结跏趺坐佛二胁侍菩萨，背面倚坐式弥勒佛及二胁侍菩萨，左侧面半跏思惟菩萨，右侧面菩萨立像（图一一二）[4]，是通过四面龛内分别以释迦佛、弥勒佛、未成佛之前的弥勒（或释迦太子？）及莲花手观音菩萨来笼统、宽泛地表现佛教三世佛及弥勒未来佛等的思想。

图一一〇　李泉寺遗址出土北魏双层佛塔（正、背、左、右侧面）

① 西安市文物保护考古所：《西安文物精华·佛教造像》，世界图书出版西安公司，2010年，第52、53页，图44。

② 于春：《长安地区北朝佛教造像考古学研究》，西北大学博士学位论文，2015年，第80、81页。

③ 西安市文物保护考古所：《西安文物精华·佛教造像》，世界图书出版西安公司，2010年，第38、40页，图31、33。

④ 〔日〕松原三郎：《中国仏教彫刻史論》图版编二，吉川弘文馆，1995年，第530页530a、530b，531页531a、531b。

图一一一　李泉寺遗址出土北魏攒尖顶四方亭形佛塔（正、左、右、背面）

　　另外，日本浜松市美术馆藏隋开皇四年（584年）四面石造像塔（图一一三）①，为四面坡屋顶的建筑结构，四面开龛造像。从资料图片看，尚不知道其他三面的造型，分析也有可能表现类似的弥勒上生信仰的佛教思想，顶部四面坡屋顶的设计构图也是表现兜率天宫，也是"玉石天宫龛像"。

　　所以说，这种造像塔与造像碑中的佛像一样，不同于单体的独立佛教造像，而是多设于龛中，构成石窟寺洞窟以外的佛像造型体系，是可以随身携带、可移动的造像，作为不同于石窟寺中心塔庙的造像塔，这种具有中国式建筑结构造型的形态，是印度与中土元素相结合的佛像②。

①　〔日〕松原三郎：《中国仏教彫刻史論》图版编二，吉川弘文馆，1995年，第529页529c。
②　张总：《石窟与造像中的塔形和碑式——佛教艺术中国化演变之例证》，《社会科学战线》2021年第4期。

图一一二　美国フリア美术馆藏四面石造像塔

图一一三　日本浜松市美术馆藏隋开皇四年四面石造像塔

（三）钱币

特别之处是与铜石佛像同出的一枚五铢钱，其边郭平阔，"五"字交股两笔较斜直，"朱"首转角方折，"金"首三角内斜，分列方孔左右。面无穿郭，外郭宽平，钱背肉好均有郭。穿右"五"字左边似乎无竖划，钱径2.3、穿径约0.9、郭宽约0.2、厚0.1厘米，重3.5克。虽小些，但重达3.5克，符合隋五铢的特征，也属标准的隋五铢。五铢钱的铜质较好，币材配剂铅量增加而钱色发白，也称作白钱。

据《隋书·食货志》："高祖既受周禅，以天下钱货轻重不等，乃更铸新钱。背面肉好，皆有周郭，文曰'五铢'而重如其文。每钱一千，重四斤二两……大业已后……钱转薄恶。初每千犹重二斤，后渐轻至一斤。"[①]隋开皇元年至九年（581—589年），隋代北周后革新币制，统一新钱。隋于开皇初年更铸新钱，"文曰'五铢'，而重如其文"。但几乎同时，百姓便"私有熔铸"，因此，文帝在开皇三年（583年）四月"诏四面诸关，各付百钱为样"，这种样钱即被后世称为"置样"五铢；隋文帝开皇十年（590年）至仁寿四年（604年），在统一全国后开始分设钱炉推行货币。开皇九年（589年）平陈后，隋文帝于次年诏晋王杨广在扬州立五炉铸钱。开皇十八年（598年），文帝诏汉王杨谅在并州立五炉铸钱；允许杨广在鄂州白纻山设十炉铸钱；诏令蜀王杨秀可在益州设立五炉铸钱。比对隋代开皇年间的疆域图，除岭南新定且自梁朝以来"交、广之域，全以金银为货"外，四个铸钱之州分别位于帝国东、北、中、西四地，鄂州比之其他三州多出五炉，能够辐射南北；隋炀帝大业元年（605年）至隋末，这一时期的钱币减重明显，私劣钱币的盛行加速了隋王朝的灭亡（图一一四）。

图一一四　长沙出土隋五铢（开皇五铢白钱）[②]

可见，田园子石窟3号窟出土的五铢钱，钱重当为隋大业以前所铸，故可称之为开皇五铢，至于该枚隋五钱是由扬州、并州、益州及鄂州四个铸钱之州的哪一个州所铸，尚难确定。

最后，为了更加明晰明了地了解田园子石窟3号窟出土造像及钱币的时代特点，以下以表格形式罗列相关对比材料，对以上内容做分析梳理（表二）。

①　（唐）魏征等撰：《隋书》卷二十四，志第十九《食货》，中华书局，1973年。

②　采自国家文物局《中国古钱谱》编撰组：《中国古钱谱》，文物出版社，1989年；资料出处：长沙市文物工作队：《长沙发现隋代钱币》，《考古》1983年第1期。

表二　田园子石窟3号窟出土文物对比分析

名称	图片	相似文物对比
北魏铜坐佛像 （馆藏号4163）		松原三郎《中国佛教雕刻史论》图版编一等55正面　固原市博物馆藏彭阳县新集乡出土北魏铜造像　西安市莲湖区市建三公司出土双面铜造像
北魏熙平二年铜释迦、多宝佛像 （馆藏号4159）		故宫博物院藏北魏铜释迦多宝像　河南博物院藏太和十一年李忠造二佛并坐像　景明元年石景之造鎏金铜二佛并坐像　正始四年张铁武造鎏金铜二佛并坐像　永平五年造二佛并坐铜像　长武县博物馆藏延昌二年二佛并坐铜像

续表

名称	图片	相似文物对比
北魏铜铜菩萨立像（馆藏号4160）		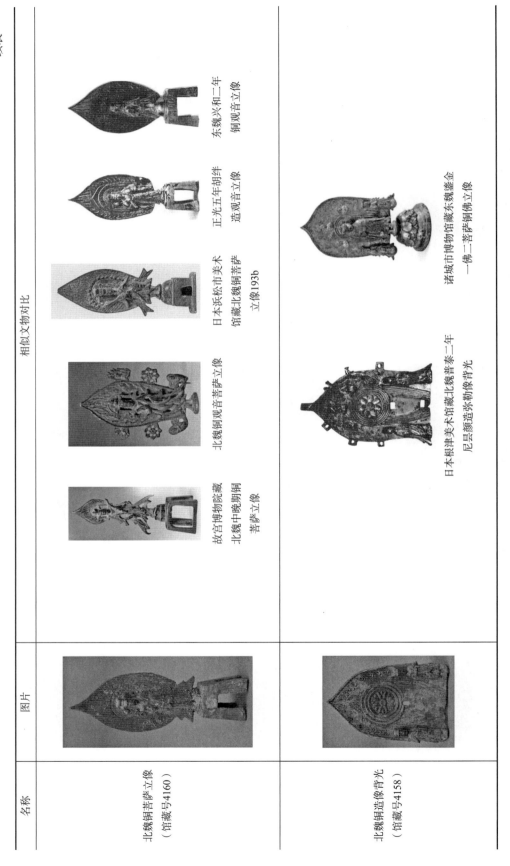
北魏铜铜造背光（馆藏号4158）		

故宫博物院藏北魏中晚期铜菩萨立像　　北魏铜观音菩萨立像　　日本浜松市美术馆藏北魏铜菩萨立像193b　　正光五年胡外造观音立像　　东魏兴和二年铜观音立像

日本根津美术馆藏北魏普泰二年尼昙颜造弥勒像背光　　诸城市博物馆藏东魏鎏金一佛二菩萨铜佛立像

续表

名称	图片	相似文物对比
隋代铜菩萨立像 （馆藏号4157）		故宫博物院藏隋开皇三年常聪造铜鎏金观世音立像 ／ 日本大原美术馆藏隋开皇十三年得状次造石观音立像 ／ 日本永青文库藏隋开皇二十年贾之冤造观音立像 ／ 大村西崖《支那美术史雕塑篇》图709观音铜像 ／ 美国大都会艺术博物馆藏铜观音菩萨立像
北魏四面造像石塔 （馆藏号4155）		西魏大统十四年比丘惠敬造四面造像塔 ／ 莫高窟257窟中心柱南面上层菩萨（思惟菩萨） ／ 莫高窟259窟北壁上层思惟、思惟阙形龛（交脚、思惟菩萨） ／ 莫高窟435窟中心柱南向阙形龛（交脚菩萨）
隋五铢钱 （馆藏号4164）		长沙出土隋五铢（开皇五铢白钱）

三、田园子石窟遗存掩埋过程分析

田园子石窟的现场正式发掘中，在1号窟门洞上部刚刚露头时，首先映入眼帘的就是涌入洞窟的堆土，从洞口外到洞窟内呈斜坡状堆积，堆土呈外侧高、内侧低的情形，洞窟内部并未全部填埋，而且堆积土质较为松散，不像后期进水淤泥胶结平整堆积的状态，所以可以推断，该石窟遭受突发灾害性地质滑坡土涌入洞门并将其填埋。田园子石窟2、3号窟位于村道路面侧旁，4号窟位于村道路面之下，加之以往和本次修路推毁的多次扰动，发掘清理中未见有滑坡填埋堆积的遗留痕迹。从3号窟出土的单体铜、石造像的风格及发愿文纪年看，时代最早为北魏太和时期之前，也有北魏中晚期的，最晚者为隋仁寿二年（602年），单体铜、石造像大体分为北魏太和前、景明时期、熙平年间及隋开皇、仁寿年间几个历史时段，除了隋代的造像晚于洞窟外，其他北魏不同时段的单体铜、石造像与2—4号窟造像时代风格基本上吻合，所以可以确定田园子石窟的使用年代下限在602年。考虑到出土年代最晚造像的3号窟位于石窟崖面的中间位置，所以可以断定石窟整体掩埋和结束使用应该在602年之后，不会早于此年。就目前所见田园子石窟造像最早为北魏太和时期前后来看，洞窟大致开凿后延续使用至少约120余年，后突遭后山地质滑坡而被掩埋。

田园子石窟被整体掩埋中止使用的原因，我们推测有可能是大的地震造成的次生灾害性滑坡。在高山峡谷地区，只要大级别的地震将山体震松，就容易发生滑坡、泥石流等一些自然灾害。田园子石窟所在的镇原县方山乡附近，地处镇原县、庆城县交界处。根据镇原县、庆城县有关地志的历史记载，历史上曾经多次发生地震。

考虑到乾隆《甘肃通志》是现存第一部甘肃省级旧地方志书，该书撰修于甘肃单独建省之后数十年，系收集各种典籍、资料、档案修成，对地方史研究有特殊价值。所以本书以《甘肃通志》"祥异"部分为主要考察内容，并参照其他古今文献，尤其是历代正史中"五行志"有关地震记载的资料，相互印证启发，系统梳理研究甘肃境内，尤其是陇东地区及其相近地域历史上有关地震灾异的记载，重点梳理关注北魏到隋唐时期，以期能通过分析判断，得出田园子石窟所在的甘肃省镇原县方山乡的历史地理区域的地质变化情况，最大可能地推测还原田园子石窟历史上历经地质滑坡变化等造成地层文化堆积的演变事实。

（一）陇东历史上地震记载情况

最早有确切记载的陇东地区地震见于《汉书·五行志》："史记周幽王二年，周三川皆震。"[①]周幽王二年（公元前780年）三川皆震，即泾、渭、洛水一带。随后，周幽王十一年

---

① （东汉）班固撰：《汉书》卷二十七《五行志》第七，中华书局，1962年。

（公元前771年），"泾、渭、洛三川大地震，山崩河塞，死民无数"。周赧王三十五年（公元前280年），"秦地（今陕西大部及甘肃东部）地动，坏城"。

汉代，有记载的大地震次数较多。《汉书·五行志》载："惠帝二年正月，地震陇西，厌四百余家……高后二年正月，武都山崩，杀七百六十人，地震至八月乃止……武帝征和二年八月癸亥，地震，厌杀人……宣帝本始四年四月壬寅，地震河南以东四十九郡，北海琅邪坏祖宗庙城郭，杀六千余人……元帝永光三年冬，地震……成帝建始三年十二月戊申朔，日有食之，其夜未央殿中地震……绥和二年九月丙辰，地震，自京师至北边郡国三十余坏城郭，凡杀四百一十五人。"①从这些记载可知：惠帝二年（公元前193年）正月，陇西地震；高后二年（公元前186年）正月，武都山崩，死七百六十人，地震至八月乃止。与"高后二年春正月乙卯，地震，羌道、武都道山崩"②相互印证，只是说明地震涉及的地域是在羌道（今甘肃舟曲县西北坪定乡西寨、坪定村一带③）、武都道（今陇南市武都区桔柑乡大庙或者马场前坝牧场一带④）的辖境，就是今甘肃甘南藏族自治州舟曲县白龙江及陇南市武都区白龙江流域。吕后二年，秦岭汉中地区发生一场大地震，引发的山崩导致汉水改道，切断了西汉水与汉水间的联系，于是西汉水南下汇入了嘉陵江，即"嘉陵夺汉"⑤；武帝征和二年（公元前91年）八月癸亥地震；宣帝本始四年（公元前70年）四月壬寅，河南以东四十九郡国同日地震，山崩水出，毁坏城郭，死亡六千余人；元帝永光三年（公元前41年）冬地震；成帝建始三年（公元前30年）十二月戊申夜，汉长安城的未央殿中地震；绥和二年（公元前7年）九月丙辰地震，自京师至北边郡国三十余城郭毁坏。

《后汉书》载："和帝，永元五年二月戊午，陇西地震……七年九月癸卯，京都地震……九年三月庚辰，陇西地震……顺帝，永建三年正月丙子，京都、汉阳地震。汉阳屋坏杀人，地坼涌水出……永和三年二月乙亥，京都、金城、陇西地震裂，城郭、室屋多坏，压杀人。闰月己酉，京都地震……四年三月乙亥，京都地震。五年二月戊申，京都地震。建康元年正月，凉州都（部）郡六地震。从去年九月以来至四月，凡百八十日（地）震，山谷坼裂，坏败城寺，伤害人、物……桓帝，延熹四年，京都、右扶风、凉州地震。五年五月乙亥，京都地震……灵帝，光和元年二月辛未，地震。四月丙辰，地震。二年三月，京兆地震。三年自秋至明年春，酒泉表氏地八十余动，涌水出，城中官寺民舍皆顿。县易处，更筑城郭。"⑥汉安二年（143年），陇西、汉阳、张掖、北地等地从上年九月至这年正月，地震一百八十余处，造成山谷

①　（东汉）班固撰：《汉书》卷二十七《五行志》第七，中华书局，1962年。

②　（东汉）班固撰：《汉书》卷三《高后纪》，中华书局，1962年。

③　甘肃省舟曲县地方志编纂委员会：《舟曲县志》，生活·读书·新知三联书店，1996年，第542页。

④　最早的武都道在今陇南市武都区桔柑乡大庙或者马场前坝牧场一带。公元前186年武都地震时，武都道尚在阶州（今武都区）境内，地震后75年才移治于西和县洛峪，在今西和县洛峪镇洛峪集古城或灯塔村羊马古城。参见曾礼：《武都道初建地略考》，《西北史地》1995年第2期；袁道阳、雷中生、何文贵等：《公元前186年甘肃武都地震考证与发震构造探讨》，《地震学报》2007年第6期。

⑤　周宏伟：《汉初武都大地震与汉水上游的水系变迁》，《历史研究》2010年第4期。

⑥　（东晋）范晔撰：《后汉书》志十六《五行志》，中华书局，1965年。

裂、城败坏，寺庙、房屋毁坏多，人畜死亡甚众，这次地震涉及陇东、河西、陇西等地。《后汉书》载顺帝汉安二年（143年）"是岁，凉州地百八十震。建康元年春正月辛丑（即144年2月23日），诏曰：陇西、汉阳、张掖、北地、武威、武都自去年九月以来，地百八十震。山谷圻裂，坏败城寺，杀害民庶。夷狄叛逆，赋役重数，内外怨旷，惟咎叹息。其遣光禄大夫案行，宣畅恩泽，惠此下民，勿为烦扰"①。143年地震后，余震频繁且强度大，记载就有180余次，朝廷派出光禄大夫前往灾区慰问，可见灾情之重，朝廷之重视，社会影响之大。此外，永康元年（167年）五月丙午，高平地裂。《后汉书》载："永康元年五月丙午，雒阳、高平、永寿亭、上党泫氏地各裂。"②以地震而论，东汉中后期地震发生的频繁程度，在整个中国历史上都是罕见的。

　　魏晋南北朝时期，天下纷争，战乱不已，见于历史记载发生于陇东的地震有6次，均为小地震，无较大伤亡记载。《甘肃通志》载："南北朝，宋文帝元嘉六年西秦地震草木皆自反。七年西秦自正月不雨至于九月。十二年正月凉有神投书于炖煌东门，曰凉王三十年若七年求之不获。北魏，高祖延兴五年二月秦州地震。六年五月癸未秦州地震有声，甲午复震有声如雷。十年二月丙午秦州地震。世宗景明元年六月庚午秦州地震。四年正月辛酉，凉州地震。六月丁亥，秦州地震。正始三年七月己丑，凉州地震有声，城圮。永平元年正月庚寅，秦州地震。延昌元年十月，壬申秦州地震有声。肃宗熙平元年十二月乙巳，秦州地震有声。正光二年六月，秦州地震有声东北引。"③

　　隋唐一统，有记载的大地震主要有3次，其他级别不等的地震也有记载。《庆阳府志》载隋文帝开皇二十年（600年），秦陇发生大地震，"十一月戊子地大震，烈风大雪，民舍多坏，拔树倒屋"④。《甘肃通志》载隋文帝仁寿二年（602年）四月，陇西地震⑤。《旧唐书》载："开元二十二年二月十八日，秦州地震。先是，秦州百姓闻州西北地下殷殷有声，俄而地震，坏廨宇及居人庐舍数千间，地坼而复合，震经时不定，压死百余人……至德元年十一月辛亥朔，河西地震有声，地裂陷，坏庐舍，张掖、酒泉尤甚。至二载六月始止。大历二年十一月壬申，京师地震，有声自东北来，如雷者三。四年二月丙辰夜，京师地震，有声如雷者三。贞元三年十一月己卯夜，京师地震，是夕者三，巢鸟皆惊，人多去室。东都、蒲、陕亦然。四年正月朔日……其夜，京师地震。二日又震，三日又震，十八日又震，十九日又震，二十日又震……九年四月辛酉，京师又震，有声如雷。河中尤甚，坏城垒庐舍，地裂水涌。十年四月戊申，又震。十三年十月乙未日午时，震从东来，须臾而止。元和七年八月，京师地震……九年三月丙辰，巂州地震，昼夜八十震方止，压死者百余人。大和九年三月乙卯，京师地震。开成元年二月乙亥夜四更，京师地震，屋瓦皆坠，户牖之间有声。二年十一月乙丑夜，地南

① （东晋）范晔撰：《后汉书》卷六《顺帝纪》，中华书局，1965年。
② （东晋）范晔撰：《后汉书》志十六《五行志》，中华书局，1965年。
③ （清）许容监修，李迪等撰：乾隆《甘肃通志》卷二十四"祥异"，乾隆元年（1736年）成书。
④ （明）傅学礼等纂修：《庆阳府志》卷十八"纪异"，嘉靖三十六年（1557年）序刊，隆庆年间补刻。
⑤ （清）许容监修，李迪等撰：乾隆《甘肃通志》卷二十四"祥异"，乾隆元年（1736年）成书。

北微震。大中三年十月，京师地震，振武、天德、灵武、盐、夏等州皆震，坏军镇庐舍。"①

从这些记载可知：开元二十二年（734年）二月十八日，秦州发生强烈大地震，毁坏城池、寺院，粮仓倒塌，山谷倾裂，河水倒流，人民死伤非常严重；至德元年（756年）十一月，河西地震，地裂陷，坏庐舍，以张掖、酒泉最为严重；大历二年（767年）十一月，京师（今陕西西安一带）地震，以后的大历四年二月丙辰夜，京师又地震；贞元三年（787年）十一月己卯夜，京师地震，东都（今河南洛阳市）、蒲、陕也有震感，四年正月朔日，京师地震，九年四月辛酉，京师又震；大中三年（849年）十月，京师地震，振武（今青海湟源县石堡城？）、天德（今内蒙古乌拉特前旗乌梁素海东侧）、灵武（今宁夏吴忠市西南）、盐（今陕西定边县）、夏（今陕西靖边县白城子）等州皆大震，毁坏军镇、庐舍，居民死亡数千人。

宋代，有记载的地震也有多次。雍熙三年（986年）九月丙戌，秦陇诸州一昼夜之间地震12次。"至道二年（996年）十月地震，环、庆地震，城郭、庐舍多坏……四年，庆州地震者再。"②大中祥符三年（1010年）十月，灵武地震，波及环、庆诸州，毁坏庐舍，死人甚重。大观二年（1108年）六月，熙河（今甘肃临洮县一带）、环庆（今甘肃环县和庆城县一带）、泾原（今甘肃泾川及镇原县一带）各州地震，人畜死亡甚多。政和七年（1117年）七月，熙河、环庆、泾原路地震，关堡城壁、官私庐舍摧毁，居民死伤甚多。《宋史》载："至道二年十月，潼关西至灵州、夏州、环庆等州地震，城郭庐舍多坏，占云：'兵饥。'是时，西夏寇灵州，明年，遣将率兵援粮以救之，关西民饥……咸平四年九月，庆州地震者再……（景德四年七月）己丑，渭州瓦亭砦地震者四。大中祥符二年三月，代州地震。四年六月，昌、眉州并地震。七月，真定府地震，坏城垒。天圣五年三月，秦州地震。七年，京师地震……（元祐）四年春，陕西、河北地震。七年九月己酉，兰州、镇戎军、永兴军地震，十月庚戌朔，环州地再震……政和七年六月，诏曰：'熙河、环庆、泾原路地震经旬，城砦、关堡、城壁、楼橹、官私庐舍并皆摧塌，居民覆压死伤甚众，而有司不以闻，其遣官按视之……'（宣和）七年七月己亥，熙河路地震，有裂数十丈者，兰州尤甚……建炎二年正月戊戌，长安地大震，金将娄宿围城，弥旬无外援，乘地震而入，城遂陷……雍熙三年，阶州福津县常峡山圮，壅白江水，逆流高十许丈，坏民田数百里……咸平四年正月，成纪县山摧，压死者六十余人。景德四年七月，成纪县崖圮，压死居民。"③宣和六年（1124年）闰月，陕西大地震，波及环庆、邠宁（今陕西彬县及甘肃宁县一带）、泾原等地，但这次地震正史并未记载。据岳珂《桯史》载："宣和六年春，东都地震，后三月又震，宫殿门皆动，有声。既而兰州地及山之草木，悉没入地，而山下麦苗乃在山上。驿书闻朝廷，徽祖为之侧席。时方得燕兵端衅日侈，上心向阑，遇灾而惧。临朝谓群臣曰：'大观彗星之异，张商英劝朕畏天，戒更政事，虽复作辍，朕常不忘。'五月壬寅，遂罢经抚房，于是时事危一变矣。会遣右司郎中黄潜善按视回，乃没其实，

---

①　（后晋）刘昫撰：《旧唐书》卷三十七《志》十七"五行"，中华书局，1975年。

②　（明）傅学礼等纂修：《庆阳府志》卷十八"纪异"，嘉靖三十六年（1557年）序刊，隆庆年间补刻。

③　（元）脱脱等撰：《宋史》卷六十七《五行志·土》，中华书局，1977年。

以不害闻，天意遽回。"①

宋廷南渡后，陇东随即被女真人所占领。据《金史》"五行志"载："正隆五年二月辛未，河东、陕西地震。镇戎、德顺等军大风，坏庐舍，民多压死……兴定三年春，吏部火。四月癸未，陕右黑风昼起，有声如雷，顷之地大震，平凉、镇戎、德顺尤甚，庐舍倾，压死者以万计，杂畜倍之。"②是说金正隆五年（1160年）原州地震，镇戎州大风，庐舍倒塌，人多压死。金兴定三年（1219年），陇东再次发生大地震。镇原二月地震，坏庐舍，人多压死，城坏。四月，陇右之平凉（今甘肃平凉市崆峒区）、镇戎、德顺（今宁夏隆德县）黑风昼起，有风如雷，顷之地大震。庐舍倾坏，压死者以万计，杂畜倍之。

元代的地震也比较多。元大德六年（1302年），关陇地震，月余不止。大德十年（1306年），陇东发生大地震，《平凉市志》记载："毁开城王宫，压死安西王妃等5000余人。"至正十二年（1352年）闰三月丁丑，陇西发生地震百余日，城郭颓夷，陵谷变迁。庄浪、定西、静宁等地在这次地震中受灾严重，而平凉、庆阳次之。这次地震使山移谷堙，城倾庐陷，人畜伤亡无数。《甘肃通志》载："成宗，大德十年八月开成路地震，坏王宫及官民庐舍，压死五千余人。武宗，至大元年六月丁酉，陇西地震。四年三月己亥，宁夏地震裂。仁宗，延祐二年夏五月乙丑，成纪县山移，是夜疾风雷电北山南移至夕川河，次日再移平地，突出土阜高者二三丈，陷没民居。四年六月己丑，成纪县山隤。五年二月丁酉，秦安县山隤。五月陇西县山颓。七月戊子宁远县山摧。六年八月伏羌县山隤……泰定帝，泰定二年四月伏羌县山摧。四年九月壬寅，宁夏地震。致和元年七月辛酉，宁夏地震。文宗，天历二年正月，巩昌、兰州、定西州大旱饥。至顺元年八月，陇西地震。顺帝，元统元年八月巩昌、徽州山摧……至元六年六月，成纪山摧地坼。至正三年三月，巩昌、成纪、宁远、伏羌等县山摧水涌出，人溺死者无算。十二年三月陇西地震百余日，庄浪、定西、静宁、会州尤甚。十三年庄浪、定西、静宁、会州复地震。"③

明清时期，陇东是全国地震多发地区之一，且造成的灾害也较大，大的地震主要有8次。明弘治十四年（1501年）正月，延安、庆阳府、同（今陕西大荔一带）、华（今陕西华县一带）诸州，咸阳、长安诸县，潼关诸卫连日地震。平凉、庆阳等地"地震有声如雷，地裂水涌"，自朔至望末巳，城垣民舍多被摧毁，死伤人畜甚多。《明史》"五行志"载："十四年正月庚戌朔，延安、庆阳二府，同、华诸州，咸阳、长安诸县，潼关诸卫，连日地震，有声如雷。朝邑尤甚，频震十七日，城垣、民舍多摧，压死人畜甚众。县东地坼，水溢成河。自夏至冬，复七震。"④嘉靖三十四年（1555年）冬十二月十二日，陕西华县发生大地震，延及千里，合水、宁州、镇原均地震有声。据《明史》"五行志"载："嘉靖三十四年十二月壬寅，山西、陕西、河南同时地震，声如雷。渭南、华州、朝邑、三原、蒲州等处尤甚。或地裂泉

① （南宋）岳珂：《桯史》卷十五"黄潜善"，中华书局，1981年。
② （元）脱脱等撰：《金史》卷二十三《五行志》，中华书局，1975年。
③ （清）许容监修，李迪等撰：乾隆《甘肃通志》卷二十四"祥异"，乾隆元年（1736年）成书。
④ （清）张廷玉等撰：《明史》卷三十《志》第六"五行"，中华书局，1974年。

涌，中有鱼物，或城郭房屋，陷入地中，或平地突成山阜，或一日数震，或累日震不止。河、渭大泛，华岳、终南山鸣，河清数日。官吏、军民压死八十三万有奇。"①《庆阳府志》载："弘治十八年地震……嘉靖三十四年冬十二月地大震。是月地震有声。自西北徂东南摇动，若沉浮状，城橹尽倾，穴居民压死不知其数。潼渭剧甚，年余不息。"②隆庆二年（1568年）三月，在今庆阳、环县等地地震。四月复震，宁夏、平凉、庆阳等地震。《明史》"五行志"载："隆庆二年三月甲寅，陕西庆阳、西安、汉中、宁夏，山西蒲州、安邑，湖广郧阳及河南十五州县，同日地震……四月癸未，怀庆、南阳、汝宁、宁夏同日地震。乙酉，凤翔、平凉、西安、庆阳地震，坏城伤人。"③天启二年（1622年）九月，固原北部发生大地震，今平凉（崆峒区）、隆德、静宁、镇原等县地"大震如翻"，由此可见此次地震破坏之大，伤亡之重。《明史》"五行志"载："天启二年九月甲寅，平凉、隆德诸县，镇戎、平虏诸所，马刚、双峰诸堡，地震如翻，坏城垣七千九百余丈，屋宇万一千八百余区，压死男妇万二千余口。十一月癸卯，陕西地震。"④明崇祯四年（1631年）至十四年间，陕西、甘肃全省各地有大地震，坏民屋舍，伤人无数，尤以今临洮、陇西县的地震毁坏民畜严重。《明史》"五行志"载："崇祯四年六月乙丑，临洮、巩昌地震，坏庐舍，损民畜。六年七月戊戌，陕西地震。十年十二月，陕西西安及海剌同时地震，数月不止。十四年五月戊子，甘肃地震。"⑤

清顺治十一年（1654年）四月，兰州地震。六月，庆阳又发生大地震，"有声如雷鸣，行人俯仰动摇，崩塌城垣房舍，死伤人畜甚多"，此次地震前后延续四十余日。康熙四十八年（1709年）九月十二日，中卫南发生地震，同日巳时，陇东有声自北而南，继之自南而北，往复两次，房屋倒塌，而后微动，至次年正月才停息。此次地震，镇原前后共震三次，损坏庄稼，伤害人畜。据《平凉市志》记载，这次地震中期的十月十五和十六两日，"城垣房舍全毁，死伤无数"。乾隆三年（1738年）冬十月庆阳地震，据《甘宁青史略》记载："震延至十一月二十五日，宁夏府全毁，死50000余人。"此次地震波及陇东各地，环县虎家湾、张家沟等地房窑震塌，死人甚多。镇原张石喇嘛庙震倒，3人被压死。《甘肃通志》载："顺治十年五月临洮雨雹，八月庄浪卫果树生花，礼县地震。十一年静宁州西河澄清，六月临、巩、平、庆等处地震，有声如雷坏，房舍压死人民。康熙三年六月秦州地震。十一年西和县地震，木门里数村汇为巨浸，徽州地亦震。十五年阶州地震。十六年阶州地震，墙宇倾颓，压死人畜，数月乃止。十七年阶州地震雨雹。二十年六月，秦州水月寺池开并头莲仙鹤。至阶州地震。二十六年六月，宁夏地震。三十四年，平凉府地震。四十三年，平凉府地震。七月，宁远地震。八月，真宁地震。九月，安化、环县地震。四十八年九月十二日，凉州、西宁、固原、宁夏等处地震。四十九年正月朔，靖远地震。五十七年五月二十一日，临洮、巩昌、秦州、平

① （清）张廷玉等撰：《明史》卷三十《志》第六"五行"，中华书局，1974年。
② （明）傅学礼等纂修：《庆阳府志》卷十八"纪异"，嘉靖三十六年（1557年）序刊，隆庆年间补刻。
③ （清）张廷玉等撰：《明史》卷三十《志》第六"五行"，中华书局，1974年。
④ （清）张廷玉等撰：《明史》卷三十《志》第六"五行"，中华书局，1974年。
⑤ （清）张廷玉等撰：《明史》卷三十《志》第六"五行"，中华书局，1974年。

凉、庆阳、宁夏等处地震。"①

在陇东地震史上，破坏最大、伤亡最大的地震当属民国九年（1920年）秋九月的海原大地震。对于这次大地震，因为历史不久远，各种记载比较多。甘肃著名学者、镇原人慕寿祺亲身经历，因而在他的笔下做了比较翔实的记录。此次地震中外震惊，中外近百个地震台都记录到了这次能量巨大的地震。据当时的《中国民报》记载震后的悲惨场面："清江驿以东，山崩土裂，村庄压没，数十里内，人烟断绝，鸡犬绝迹。"这次地震共造成约24万人死亡，死亡在万人以上的有6个县，毁城4座，数10座县城遭受破坏。庆阳约有29000人死亡，死亡牲畜16000头，其中镇原死亡3000多人，牲畜3900多头，摧毁房窑18000多座。宁县统计损失财产合银52000余两，其中以震中海原县最为严重，死亡70000余人，占县总人数的一半以上，房屋和窑洞倒塌近60000间；会宁县房屋倒塌达80000间。地震造成的山崩滑坡掩埋了村庄，使自甘肃景泰兴泉堡至宁夏固原县硝口一线形成长达200多千米的巨大破裂带，至今仍清晰可辨。

（二）田园子石窟历史上可能的地震分析

田园子石窟的使用年代下限在602年。如果田园子石窟是因受到与地震有关的地质灾害而被掩埋的话，那么就是距离其使用年代下限最近的地震才有可能。通过以上对历史上陇东及其相近地域地震记载情况的梳理，距离602年最近的就是隋开皇二十年（600年）秦陇地区发生的大地震。《庆阳府志》："隋文帝开皇二十年地震，是日天下地大震。"②据隋书的记载，"十一月戊子地大震，烈风大雪，民舍多坏，拔树倒屋"③，这次地震的发生，正遇上隋文帝废太子勇，以晋王广为皇太子的重大政治事件，所以宋《太平御览》也有记载④。有研究者认为，此次地震的主要地理方位在隋开皇时期的秦州和陇州，具体所指应该在今甘肃天水市西北至陕西陇县之间⑤，有研究认为开皇二十年（600年）秦陇地震震中在天水陇县之间更靠近陇县的陕西境⑥，也有研究甚至认为震中就在陇县固关镇⑦。虽然没有过多详细史料记载可资勘验，

① （清）许容监修，李迪等撰：乾隆《甘肃通志》卷二十四"祥异"，乾隆元年（1736年）成书。
② （明）傅学礼等纂修：《庆阳府志》卷十八"纪异"，嘉靖三十六年（1557年）序刊，隆庆年间补刻。
③ （唐）魏征等撰：《隋书·高祖纪》载，"开皇二十年十一月戊子，天下大震，京师大风雪"；《隋书·文帝纪》载，"开皇二十年十一月戊子，天下大震"；《隋书·五行志》载，"文帝开皇二十年十一月，京都大风，发屋拔树，秦陇压死者千余人，地大震，鼓皆应。净刹寺钟三鸣，佛殿门锁自开，铜像自出户外"；《隋书·炀帝纪》载，"及太子勇废，立上为皇太子。是月，当受册。高祖曰：吾以大兴公成帝业。令上出舍大兴县。其夜，烈风大雪，地震山崩，民舍多坏，压死者百余口"。中华书局，1973年。
④ （宋）李昉编纂，夏剑钦校点：《太平御览》卷880载："隋文帝开皇二十年，废太子勇，以晋王广为皇太子。将册之夜，烈风大雪，地震山崩，人舍多坏，杀人。太子卒与仆射杨素弑帝。"河北教育出版社，1994年。
⑤ 王仁康：《开皇二十年秦陇地震考释》，《历史研究》1979年第7期。
⑥ 史志刚、袁道阳、李廷栋等：《公元600年秦陇地震考证与发震构造探讨》，《科技导报》2013年第12期。
⑦ 王师迪、师亚芹、任凤文：《公元600年秦陇地震发震构造分析及考证研究》，《地质力学学报》2018年第2期。

但从《隋书》的《高祖纪》《文帝纪》都有"天下大震"四个字的描述，可知此次地震波及范围很广，破坏力非常严重。如果以上研究不误的话，田园子石窟所在地西南距陇县固关镇一带的直线距离为125千米左右，可见其破坏力还是巨大的，造成田园子石窟所在黄土山体的滑坡掩埋洞窟是极有可能的。

另外，唐玄宗开元二十二年（734年）二月，秦州发生强烈大地震，毁坏城池、寺院，粮仓倒塌，山谷倾裂，河水倒流，人民死伤非常严重；元和二年（807年）庆阳地震。元和四年、六年，庆阳地震；大中三年（849年）十月辛巳，京师（长安一带）地震，振武（今青海湟源县石堡城？）、天德（今内蒙古乌拉特前旗乌梁素海东侧）、灵武（今宁夏吴忠市西南）、河西、环州（今甘肃环县）、庆州（今甘肃庆城县）皆大震，毁坏军镇、庐舍，居民死亡数千人。

宋、金、元、明、清时期，地方志记载在镇原或者周边的大地震也有很多①。

隋开皇二十年（600年）秦陇大地震，田园子石窟3号窟出土佛造像最晚者在602年之前，虽然时间上不符合，但也极有可能因为地震之后的次生灾害造成的石窟后面山体整体基础破坏，而在602年之后某日突发滑坡而被掩埋。当然，开元二十二年（734年）二月的这次大地震，还有以后元和年间的几次庆阳地震，大中三年的以长安、环州、庆州及以北的灵武，还有西北的振武军、北边的天德军为主要地区的地震也都有可能造成田园子石窟所在山体滑坡而被掩埋的现象。至于之后的宋、元、明、清时期的多次地震，这些都可能是造成田园子石窟被山体滑坡掩埋的直接原因。

综上，根据发掘现场的埋藏堆积特征及对当地村民调查了解情况的分析，田园子石窟系开凿使用一段时期后，石窟所在官路沟西侧崖面的上部黄土堆积山体突发性地质灾害滑坡，将洞窟一次性整体掩埋而停止使用。

20世纪六七十年代修建方山乡至镇原县城的县乡公路恰好通过石窟顶部，但也未影响到石窟文物本体。直到本次村民拓建进村土路时再次推毁路基才使石窟暴露。石窟在北魏开凿并使用一个历史时期后，由于砂石质崖面易受风化，造像的面目五官及身体的细部已有部分风化，但由于滑坡掩埋之故，造像再未遭受后期自然风化和人为破坏的侵扰，所以造像保存的造型样式仍基本清晰可辨。

---

① 有关地震的记载，参见（清）钱志彤、张述辕纂修：《镇原县志》卷下"灾异"，康熙五十四年（1715年）刻本；张精义纂修，刘文戈审校：《庆阳县志》卷十四"祥异"，甘肃文化出版社，2004年；镇原县地方志编纂委员会：《镇原县志》，方志出版社，2015年；（清）许容监修，李迪等撰：乾隆《甘肃通志》卷二十四"祥异"，乾隆元年（1736年）成书。

四、小　结

　　田园子石窟是近年来甘肃陇东地区石窟寺考古的重要发现，是少见的通过考古发掘出土的佛教石窟遗存。石窟所在的镇原县，自古以来为丝绸之路东段关陇北道的必经之地，蒲河流域所经的古道，也是佛教文化传播的重要通道之一。

　　田园子石窟，平面形制上，为竖向或横向长方形，前后坡窟或穹窿窟顶，带有三壁相连的低平台或三壁拱形敞龛，变化明显；功能上，有居住或禅修窟，以及作禅修观想、祈福礼拜的造像窟；内容上，表现过去、现在及未来"三世佛"的组合常见，另有释迦、多宝二佛并坐，均反映了十六国北朝时期法华信仰的禅观思想。交脚弥勒菩萨的造型各有特色，特别是双脚外撇"倚坐"式佛，反映了陇东地区北魏佛教艺术地域化、世俗化的特色。

　　田园子石窟开凿于北魏时期。2号窟为"太和改制"前的样式，当在孝文帝迁都之前的477—486年或稍晚，与云冈石窟二期（471—494年）的时代大致相当，和保全寺、张家沟门石窟比较接近；3号窟稍晚于2号窟，属景明之后乃至延昌时期的样式。2、3号窟均要早于北石窟寺开凿的永平二年（509年）；4号窟为北魏晚期"秀骨清像"的汉化样式。洞窟造像及3号窟出土的北魏铜、石造像可能多受到云冈石窟的影响，而隋代铜菩萨立像的造型可能较多受到北周以来"长安样式"的影响。

　　蒲河、茹河流域早已发现的多处北魏至唐、宋、金时期的石窟分布[①]，以及陇东地区主要集中于泾川、合水及镇原县的造像、佛塔及经幢的发现[②]，揭示了以北石窟寺为代表的蒲河、茹河流域是汉唐以来绿洲丝绸之路干道东段关陇道上佛教文化传播的重要通道之一。最新发现的田园子石窟，对于丝绸之路关陇道佛教文化传播及交通路线的研究提供了新资料，填补了蒲河流域上游佛教石窟考古的空白。

第二节　对薛李石窟的初步认识

　　薛李石窟的发现可以说纯属偶然。2017年3月18日，甘肃省庆阳市镇原县方山乡蒲河村田园子自然村在修路拓宽村道施工时，意外暴露出一处石窟寺遗存——田园子石窟。受甘肃省文物局指派，甘肃省文物考古研究所组织现场考古发掘清理石窟遗存。为进一步厘清田园子石窟所在的蒲河流域佛教石窟艺术的分布情况及其佛教造像的样式风格源流，又对蒲河流域沿岸做野外石窟寺专题调查。在发掘工作中，镇原县文旅局局长李兆咸同志到现场观摩，在交谈中，

---

　　① 甘肃省文物工作队、庆阳北石窟文物保管所：《陇东石窟》，文物出版社，1987年。

　　② 孙晓峰：《唐宋时期甘肃陇东地区佛教遗存的调查与研究》，《大足学刊》（第一辑），重庆出版社，2016年，第64—84页。

我给他讲解了佛教石窟寺的渊源，重点谈及陇东地区佛教石窟及造像的分布，他突然联想到他老家也有一处开凿的洞窟，小时候曾去看过，也有一个类似的石雕造像，只是多年未曾再去，也不知道具体现状如何？凭着多年考古职业的敏感，直觉告诉我可能有新的发现，便请求他带我去现场调查，他电话联系老家亲戚确定洞窟尚在，就痛快答应做向导带我去实地调查。于是在田园子石窟东南约28千米、蒲河北岸的新集镇王寨村薛李庄自然村发现一处石窟——薛李石窟，大致为坐东北向西南的2个洞窟，相距约120米，一为中心塔柱式方形洞窟，四壁风化龛及造像仅存轮廓痕迹，只有中心塔柱四面龛内造像保存基本完好，为一佛二菩萨及"二佛并坐"题材。另一为平面横长方形洞窟，正壁及左右壁各开大龛，三壁造像仅存石胎轮廓，细部特征风化严重，已模糊不清。

薛李石窟，在调查中未见有与开窟相关的纪年题记或者碑刻类的历史题材作为考证其年代的直接依据，所以我们对其时代的把握和分析研究，只有根据洞窟形制、造像内容、造像风格及相邻区域内石窟的对比分析来推测。

一、薛李石窟1号窟

薛李石窟1号窟，是陇东地区石窟寺中继泾川县王母宫石窟、西峰区楼底村1号窟（又作北1号窟）之后，发现的第三处中心塔柱形石窟，可谓陇东石窟寺考古的重要新发现。以下试从洞窟形制、造像布局及造像内容三个方面分析。

（一）洞窟形制

中心塔柱窟，别称中心方柱窟、中心柱窟、塔庙窟。此类洞窟形制由印度支提窟发展变化而成，在新疆地区、中原北方地区、南方地区、西藏地区的许多石窟寺中均有此类窟型，为早期洞窟中比较流行的一种形式。中心塔柱窟在前期与殿堂窟差距较大，后来逐渐殿堂窟化，中心塔柱中塔的含义也逐渐减弱乃至消失。塔庙窟的宗教意义主要是为了"入塔观像"，早期洞窟中盛行塔庙窟，当与北朝时期流行禅修观像有关，以后随着佛教的逐渐世俗化、宗教礼仪的逐渐简化，塔庙窟失去了其原有的功能，逐渐衰落直至消失。我们先对国内各主要地区中心塔柱洞窟的形制特点及其演变规律做一个简单的梳理和归纳。

在新疆地区，克孜尔石窟群的中心柱窟[①]就是仿照印度支提窟而建造的。中心柱窟的演化有以下阶段。早期中心柱窟，主室平面与后甬道等宽或略宽于后甬道；主室窟顶皆为纵券顶；无前室、后室，后甬道与左、右甬道同高；中心柱正面凿一龛，主室及左、右甬道无龛。中期以降，中心柱窟出现后甬道宽于主室平面的现象；主室窟顶出现四套斗顶、平棊顶及穹窿顶等多种形

---

① 马世长：《克孜尔中心柱窟研究》，《中国佛教学术论典》（第八辑），佛光山文教基金会，2003年。

制；有前、后室，后甬道加宽加高；主室、后室侧壁与中心柱左、右、后壁普遍开小龛；主室、后室的左、右侧壁凿台塑立像。晚期，中心柱窟出现改造早期僧房窟的现象，窟形趋于简化。

在河西地区，马蹄寺石窟群中心塔柱窟包括金塔寺东窟、西窟，千佛洞第2、4、8窟，下观音洞第1窟。按照其具体的特点，又可以分为四种类型①。而马蹄寺石窟群的千佛洞第1窟，是河西地区早期石窟寺中受西域佛教，尤其是龟兹佛教影响的龟兹式中心柱石窟②，玉门昌马石窟的第2窟也是这种形制。

莫高窟现存28个洞窟，其中北魏11个（第254、263、257、251、260、265、435、437、248、431、246窟），西魏2个（第288、432窟），北周3个（第428、442、290窟），隋代4个（第302、303、427、292窟），唐、五代、元代共8个（第448、332、39、44、9、14、22、95窟）。按其兴衰发展可分四个阶段。第一阶段，北魏至西魏，是塔庙窟的鼎盛阶段。洞窟平面为纵长方形；前部"人"字披顶浮塑仿木结构的檩、椽等，后部平顶；后部中央立方形塔柱，除第248窟塔柱四面各开一龛外，其余窟塔柱正面开一大龛，其他三面开上下两龛，龛内造像；多数窟四壁未开龛，个别窟两侧壁或后壁开龛造像；龛形多样，有阙形龛、双树龛和尖楣圆拱龛三种。第二阶段，北周至隋，塔庙窟开始衰落。形制基本延续前期。洞窟平面长方形或纵长方形；"人"字披不再浮塑而是绘出仿木结构；大多中心塔柱四面各开一龛，有的窟塔柱三面开龛造像，塔柱正面和两侧壁前部又各塑一铺像，有的窟塔柱上部又雕出倒塔形的须弥山；龛形均为尖楣圆拱龛。第三阶段，初、盛唐时期，塔庙窟更加衰落，数量更少。"人"字披已不绘仿木结构；有的中心塔柱仅正面开一大龛，其余三面均不开龛；有的窟两侧壁开龛，有的窟后壁开涅槃像大龛；有的塔柱四面不开龛，仅后壁开龛；龛形均为敞口龛。第四阶段，晚唐时期，塔庙窟已进入尾声阶段，数量很少。形制有许多变化，主室前部成为覆斗顶；中心柱正面开一方口盝顶帐形大龛，其余三面不开龛；中心柱左、右、后三面通道顶降低，类似新疆拜城克孜尔石窟的中心柱窟。晚唐以后的五代、元代重修前代的中心塔柱窟，元代重修的第95窟与新疆的中心柱窟更加相似。

云冈石窟，中心柱窟始于第二期（471—496年），其绝对年代大部分在太和年间，具体洞窟有第1、2窟和第6窟。第6窟完工于太和十八年（494年）迁洛之前，从排年上看，第1、2窟约早于第6窟③。这种以纪年为依据的可靠排年，是其他洞窟所不具备的，就中心柱窟而言，有纪年的洞窟以云冈第11窟为最早。迁洛以前的孝文帝时期，是北魏最稳定、最兴盛的时期。云冈石窟对其他石窟寺的营建影响的范围之广和时间之长，尤其是中心柱窟来说，特别是第6窟的形制多被地方所采取，对它的年代较早的大型中心窟开凿的影响尤为明显。

---

① 马蹄寺石窟群中心塔柱窟的分类，参照马世长、丁明夷：《中国佛教石窟考古概要》，文物出版社，2009年，第91、92页；暨远志：《张掖地区早期石窟分期试论》，《敦煌研究》1996年第4期。

② 甘肃省文物考古研究所：《河西石窟》，文物出版社，1987年；张宝玺：《河西北朝中心柱窟》，《1987敦煌石窟研究国际讨论会文集·石窟考古编》，辽宁美术出版社，1990年；张宝玺：《河西北朝石窟》，上海古籍出版社，2016年，第58—61页。

③ 宿白：《平城实力的集聚和"云冈模式"的形成与发展》，《中国石窟寺研究》，文物出版社，1996年。

　　我们再来谈薛李石窟的情形。薛李石窟1号窟，平面近似方形，中间为中心塔柱通连素面平顶，窟内四壁可能原有浅敞龛。中心塔柱四面只有中间单层开龛，不似陇东地区的王母宫石窟①和楼底村1号窟②中心塔柱的上下两层且上下层平面不一的规划（图一一五），也不似河西石窟中如金塔寺石窟③东、西窟的中心柱四面分三层开龛造像的样式，是为最简单化的中心塔柱窟；也不像天梯山石窟1、4、18窟④的两层或者以上的突出四周塔檐的仿塔形中心柱；薛李石窟1号窟的单室中心塔柱形制，也不像天梯山石窟18窟⑤、金塔寺石窟⑥、莫高窟254窟等⑦有前、后室的中心塔柱窟。而云冈石窟第6窟同样为平面方形的中心塔柱窟，方格平棊顶，窟门上方开明窗。不过，王母宫石窟和楼底村1号窟中心塔柱的上层为八面体，与云冈第6窟迥然不同，为目前所知北魏洞窟中所仅见。显然，云冈石窟第6窟、王母宫石窟及楼底村1号窟三个洞窟，都是平面长方形（或方形）的平顶中心塔柱窟。

　　所以说，薛李石窟1号窟是对较早的王母宫石窟、楼底村1号窟及河西北朝中心柱石窟的借鉴吸收基础上的简单化复制和模仿，其中心柱的基本窟形都是源于较早的云冈石窟第6窟的形制。

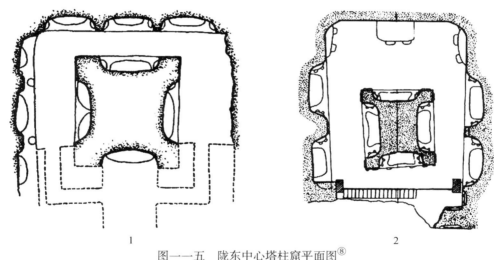

図一一五　陇东中心塔柱窟平面图⑧
1. 王母宫石窟　2. 楼底村1号窟

　　①　甘肃省博物馆：《甘肃泾川王母宫石窟调查报告》，《考古》1984年第7期。

　　②　甘肃北石窟寺文物保护研究所：《庆阳北石窟寺内容总录》，文物出版社，2013年。

　　③　甘肃省文物考古研究所：《河西石窟》，文物出版社，1987年；姚桂兰主编：《金塔寺石窟》，甘肃人民美术出版社，2018年。

　　④　敦煌研究院、甘肃省博物馆：《武威天梯山石窟》，文物出版社，2000年；张宝玺：《河西北朝石窟》，上海古籍出版社，2016年。关于此三个中心柱洞窟的时代，前者认为在北凉，后者认为在北魏，笔者认同后者。

　　⑤　敦煌研究院、甘肃省博物馆：《武威天梯山石窟》，文物出版社，2000年。

　　⑥　甘肃省文物考古研究所：《河西石窟》，文物出版社，1987年；姚桂兰主编：《金塔寺石窟》，甘肃人民美术出版社，2018年。

　　⑦　樊锦诗、马世长、关友惠：《敦煌莫高窟北朝洞窟的分期》，《敦煌研究文集》，甘肃人民出版社，1982年。

　　⑧　图1采自甘肃省文物工作队、庆阳北石窟文物保管所：《陇东石窟》，文物出版社，1987年，第9页；图2采自甘肃北石窟寺文物保护研究所：《庆阳北石窟寺内容总录》，文物出版社，2013年，第244页。

（二）造像布局

王母宫石窟的西、南、北三壁均分四层开龛造像，最上层雕一排小坐佛，上层开五龛，中层开三梯形龛，下层脱落不明。中心塔柱下层为方形，四面皆开龛，内有造像，龛外浮雕造像，四角各雕一大象驮楼阁式塔；上层为八面体，八面皆开龛，龛内造像。窟门外遭晚期破坏，是否有天王不明；楼底村1号窟后壁雕三身立像，南、北两壁分三层开龛造像，上层并列三龛，中层并列二龛，下层浮雕力士、狮子。上、中两层龛的分界栏上浮雕造像。中心塔柱下层为方形，四面皆开龛，内有造像，龛外亦浮雕造像，西北角雕一象头；上层为八面体，八面皆开龛，龛内造像。窟门外北侧残留一身天王。而云冈石窟第6窟，正壁分上下两层开龛；其余三壁分五层开龛造像，最上层浮雕天宫伎乐，上、中两层开龛，下层浮雕分栏长卷式画面，最下层为供养人行列。中心塔柱分上、下两层，均为四面体，四面皆开龛；下层龛外浮雕佛传故事，四角雕大象驮楼阁式塔；窟门外两侧各雕一天王。比对三窟的情况可知，其造像布局均为：中心塔柱上下层各面均开龛造像，洞窟两侧壁均分多层开龛造像，除楼底村1号窟外，另两窟正壁也分多层开龛造像。

相对比，薛李石窟1号窟就简单得多，窟内四壁由于风化严重，原来是否有造像的情况已不清楚了。在东壁（后壁）、南壁（左壁）及北壁（右壁），原似各雕凿有拱形大敞龛，龛内可能雕凿一佛二菩萨造像。西壁（前壁）的门道两侧，也可能有力士（或天王）造像。现今因风化剥蚀脱落，造像龛形制已模糊不明，壁面因风化剥蚀呈不规则形凹陷，造像仅存模糊轮廓，无一身细部可明确辨认。中间的中心柱，虽四面均有浅龛，内有造像，但是仅仅是各面单龛，而且也是单层开龛，仅有前面及右面龛有浅阴刻线表现的尖拱龛楣的轮廓特点，其余两面浅龛未见龛楣的装饰特点。中心柱四面单层凿龛的龛外壁面也未见其他装饰或者是题材的布局。

总的来说，薛李石窟1号窟仅仅是有中心柱的建筑构造的基本布局，没有繁复、庞杂的龛像布局及装饰造像题材的内容，其洞窟布局的体量也比较小，从规模上就不具备如云冈石窟第6窟、王母宫石窟及楼底村1号窟的复杂性。

（三）造像内容

王母宫石窟，南壁上层五龛内为坐佛，中层中龛为坐佛，两侧龛各一立佛。西、北壁与此相同。中心塔柱下层四面龛外浮雕佛传故事、力士，南面龛内雕释迦多宝佛并坐，东、北二面龛内皆雕一佛二菩萨，西面雕弥勒菩萨；上层八面龛内均雕一坐佛二胁侍菩萨。楼底村1号窟正壁雕一佛二菩萨立像；南、北壁上、中两层龛除南壁上层东龛雕释迦多宝佛并坐外，余龛皆雕一坐佛二胁侍菩萨；上、中两层龛的分界栏上浮雕佛传故事；中心塔柱下层四面龛内均雕一坐佛二胁侍菩萨，龛外浮雕佛传故事或胁侍菩萨、弟子；上层八面体龛内皆雕一佛二胁侍菩萨。而云冈石窟第6窟，正壁，下龛中为一坐佛，两侧各一立佛；上龛为三立佛；西壁，第一、二层龛漫漶不可识，第三层三龛内雕二交脚弥勒一坐佛，第四层三龛内雕三立佛，第五层雕伎乐、化生童子及坐佛；东壁，第一层风化严重，第二层雕六铺佛传故事，第三层三龛坐佛及龛外雕佛传故事和千佛，第四层为三立佛及各胁侍菩萨和供养菩萨、伎乐等，第五层内容与西壁第五层略同；中心塔柱下层南面龛内雕坐佛，西面雕弥勒菩萨，北面雕释迦多宝佛并坐，东面雕倚坐佛像；上层四面龛内皆为立佛。比对三窟的造像内容可知：三窟中心塔柱下层四面龛内雕坐佛、释迦多宝佛并坐、弥勒等造像，龛外浮雕佛传故事，四角雕出象驮宝塔的形象（楼底村1号窟只雕出西北角的象头）；中心塔柱上层龛内雕坐佛或立佛；洞窟侧壁的壁面上都有坐佛、立佛、弥勒、释迦多宝佛并坐等造像及部分佛传故事浮雕。

　　我们再来看薛李石窟1号窟，在东壁（后壁）、南壁（左壁）及北壁（右壁），原似各雕凿有一佛二菩萨造像于拱形大敞浅龛内。西壁（前壁）门道两侧，也可能有力士造像。现今因风化脱落，造像龛形及壁面剥蚀模糊，无一身造像细部可明辨。在西壁门洞两侧阴线刻壁画，仅存依稀可辨的五匹奔马残形及旌旗飘动，整个壁画构成一幅旌旗猎猎的场面。门道右侧（北面）残存阴线刻一身侍立供养人（或为供养比丘弟子）。从残存的奔马、旌旗及供养人等来分析，似乎是表现佛弟子引导的"车马出行"内容。

　　薛李石窟1号窟中心柱的四面，居中各雕凿浅龛，龛内高浮雕造像，除中心柱东面（后壁）释迦、多宝二佛并坐外，其余三面皆为一佛二胁侍菩萨。造像整体风格健壮、敦实。结跏趺坐佛均为高平肉髻，大耳垂肩，面形方圆，肩圆胸廓，内着斜领偏袒右肩的僧祇支，外穿露胸通肩式袈裟，自身后通覆双肩、右衣角绕搭左肘。双手施禅定印，结跏趺坐于低台座上。唯一不同的变化是，中心柱北面（右壁）主尊坐佛，三层着衣，内着斜领偏袒右肩僧祇支，中衣衣缘两侧于胸前结带，通覆双肩和双腿间，右衣角从肩部直裹右臂至肘部并从底部绕过覆搭左肘，外穿双领下垂式露胸袈裟，从身后通覆双肩，右衣角仅在肩头包裹，从后背下绕覆盖右腿，再覆搭左肘；胁侍菩萨均头戴花冠，双肩披帛，披巾胸前相交绕搭双臂向下飘垂，下身穿裙，侍立坐佛两侧。左菩萨，双手合十于胸前，右菩萨，左手握披巾边，右臂屈肘，似手握莲蕾。

　　综合上述三个方面的比对分析可知：王母宫石窟、楼底村1号窟在洞窟形制、造像布局、造像内容等方面与云冈石窟第6窟之间确实有着明显的渊源关系，尤其是王母宫石窟与云冈石窟第6窟更为相似。薛李石窟1号窟相比前三者，无论形制、布局，还是内容，都更为简化，仅仅是有中心柱这一建筑构造的基本布局，没有繁复、庞杂的龛像布局和装饰造像题材，其洞窟布局的体量也比较小，远不如云冈石窟第6窟、王母宫石窟及楼底村1号窟复杂。

二、薛李石窟2号窟

　　薛李石窟2号窟，平面横方形，转角处有弧形转角，似马蹄状，平顶，三壁凿大敞浅龛。虽然除了基本窟形外，窟内的造像壁画等布局内容不存，但是从其窟形和仅存的造像痕迹来看，其题材布局也有对北石窟寺165号窟及南石窟寺1号窟高度模仿的成分在内。薛李石窟2号窟，虽窟内四壁造像不存，但从壁面凿眼和残存风化模糊的造像轮廓推测，可能正壁和两侧壁原雕刻坐佛，其中正壁三身，两侧壁各两身，坐佛间各雕胁侍菩萨，可能也是"七佛"的配置，不过由于洞窟高度限制，不可能是立佛的布局。如果此推测成立的话，可能和北石窟寺165号窟、南石窟寺1号窟为代表的覆斗顶殿堂式七佛窟①的布局及内容相似，这是陇东地区北魏时期除中心塔柱洞窟外的另外一种大型洞窟，其形制：平面为横长方形覆斗顶，窟内四壁凿坛基，正壁和两侧壁坛基上雕刻高大的七身立佛，其中正壁三身，两侧壁各两身，立佛间雕胁侍菩萨（图一一六）。窟门内两侧雕交脚菩萨，北石窟寺165号窟窟门内两侧另雕有骑象菩萨和阿修罗天，窟门顶部有明窗；窟顶、四披及立佛身光间的壁面上浮雕佛传或本生故事；窟门外雕二天王及狮子。

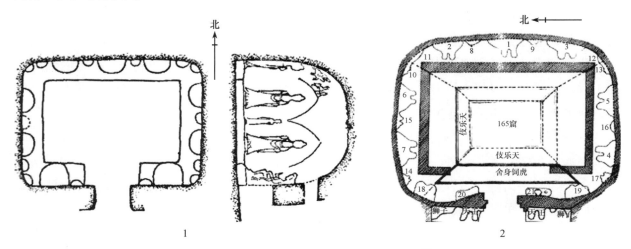

图一一六　北魏陇东殿堂式七佛窟平面图②
1. 南石窟寺1号窟　2. 北石窟寺165号窟

三、造像艺术风格对比分析

以上仅仅是就洞窟形制、造像布局及造像内容三个方面对薛李石窟1、2号窟做了简单的对比分析。最后从造像艺术风格上再试做对比分析。

出土于西安郊区查家寨、现藏于西安碑林博物馆的景明二年（501年）四面石造像龛（图

① 董华锋：《试论北魏陇东大型佛教洞窟营建的背景》，《文物、文献与文化：历史考古青年论集》（第一辑），上海古籍出版社，2017年。

② 采自甘肃北石窟寺文物保护研究所：《庆阳北石窟寺内容总录》，文物出版社，2013年，第152、301页。

一一七）[①]，和薛李石窟1号窟中心柱龛造像作对比考察，其中一面龛内的主尊穿着具有早期特点的偏袒右肩袈裟，右肩袈裟覆盖整个右臂，衣纹顺臂平行而下，与麦积山石窟第86、89窟及93-4龛等的主尊基本一致，还有其中另一面龛内的主尊所穿袈裟为双领下垂的形式，其双领从双肩斜向下在腹部相交绕搭于左臂腕，这种形式与麦积山第114窟正壁主尊相一致[②]。这个偏袒右肩袈裟、右肩袈裟覆盖整个右臂的佛像，与薛李石窟1号窟中心柱右壁（北面）龛的主尊相

图一一七　碑林博物馆藏景明二年四面石造像龛

① 〔日〕松原三郎：《中国仏教彫刻史論》图版编一，吉川弘文馆，1995年，图版103、104；金申：《中国历代纪年佛像图典》，文物出版社，1994年，图72；李域铮：《陕西古代石刻艺术》，三秦出版社，1995年，第36页，图37。

② 魏文斌：《麦积山石窟初期洞窟调查与研究》，甘肃教育出版社，2017年，第626、627页。

似。这个双领下垂、双领从双肩斜向下在腹部相交绕搭于左臂腕的样式，也和薛李石窟1号窟中心柱左壁（南面）龛的主尊相似。麦积山第114窟年代也是景明时期，所以通过以上对比可以认定：薛李石窟1号窟的时代大概在北魏宣武帝景明时期（500—503年）之后。

　　泾川王母宫石窟，据张宝玺先生研究，认为其可能创建于北魏孝文帝太和末年，延续到宣武帝景明、正始、永平之际，以开创于6世纪初的可能性较大[①]。暨远志认为是北魏泾州刺史抱嶷在太和晚期创建的化政寺石窟，年代在494—500年[②]。作为泾州地区一期洞窟，王母宫石窟、楼底村1号窟明显晚于张家沟门石窟、保全寺石窟，前者体现了对云冈石窟第6窟整体及细部的模拟，而后者体现了对云冈石窟第7、8窟某些龛室的模拟[③]。王母宫石窟、楼底村1号窟这两个平面长方形的中心塔柱窟则更多地与云冈石窟第5、6窟表现了很大的一致性，尤其是与云冈石窟第6窟相比，无论是洞窟形制、造像布局，还是主像组合、造像形制、装饰特点，都如出一辙。突出之处，就是出现了褒衣博带式服饰[④]。陇东地区北魏时期开凿最早的是张家沟门石窟，在其石窟北侧的第1、2号龛之间和第2、3号龛之间的崖面，各残存造像题记一方。"……癸巳□（朔），三月十五日，佛……""太和十五年，太岁在□未，癸巳朔，三月十五日，佛弟（子）程洪庆供养佛时，造石坎（皇）佛一躯"。由题记推断，张家沟门石窟的开凿年代是北魏太和十五年，即491年。另外在第5号龛外供养人的下方，有残存题记"太和廿"，则推断张家沟门第5—8四龛的开凿年代是太和二十年[⑤]，即496年。张家沟门石窟寺为该地区石窟寺的年代分期提供了重要依据。

　　楼底村1号窟开凿于北魏后期，距离北石窟寺主石窟群约1.5千米，是庆阳北石窟寺中唯一的中心柱窟，以北石窟165号窟等为代表，北石窟寺以开凿大像为主要特征。而碑林博物馆藏查家寨景明二年（501年）四面造像塔，坐佛面相方圆，体态敦厚稳重，与北石窟立佛风格相同，而另外一身则面相清秀，身躯修长，与楼底村1号窟的一类坐佛相同。而薛李石窟1号中心塔柱窟，无疑是深受王母宫石窟、楼底村1号窟这几个陇东地区典型的中心塔柱洞窟的影响，可能是在当地部族势力的供养下开凿的属于地方特色的石窟，从其规模来看，远远比不上前者的规模和气魄，这是因为王母宫石窟是北魏泾州刺史抱嶷所主持开凿的，北石窟寺是在泾州刺史奚康生的支持下开凿的，二者都是当时北魏政权下有皇族背景或者世族势力供养下开凿的石窟。

　　从山西大同到甘肃陇东地区，以云冈石窟为代表的佛教石窟艺术的传播，其中间区域就是陕北地区。尤其是以中心塔柱洞窟为代表的石窟艺术传播路线，最能体现陇东地区深受山西大

① 甘肃省博物馆：《甘肃泾川王母宫石窟调查报告》，《考古》1984年第7期。
② 暨远志：《泾州王母宫石窟窟主及开凿时代考》，《考古与文物》2007年增刊；暨远志：《泾州地区北朝石窟分期试论》，《考古与文物》2009年第6期。
③ 暨远志：《泾州地区北朝石窟分期试论》，《考古与文物》2009年第6期。
④ 暨远志：《泾州王母宫石窟窟主及开凿时代考》，《考古与文物》2007年增刊。
⑤ 暨远志、宋文玉：《北朝豳宁地区部族石窟的分期与思考》，《2005年云冈国际学术研讨会论文集·研究卷》，文物出版社，2006年，第92页。

同地区的影响。我们在探讨云冈石窟和陇东的王母宫石窟、楼底村1号窟及新发现的薛李石窟之间的关系时，就不得不关注陕北石窟。就陕北地区的石窟而言，我们以中心塔柱窟为考察重点，试做简单的讨论。

位于榆林市横山区的红门寺石窟7号窟，时代一般认为是北朝至唐，形制为中心塔柱窟。长方形窟口，地面中部的长方形中心柱四面均浮雕有佛像，风化非常严重，仅剩轮廓，佛像高1.2、宽0.8米。右侧佛像头部有风化严重的柱洞，直径11、深13厘米。据调查，判断7号窟时代较早。首先，该窟与其余6窟均非处于同一水平线，位置较低。其次，该窟是典型的中心柱窟，这种窟形一般出现于唐以前的石窟中，在唐宋以后的石窟中极少见到。最后，中心柱四面各开一龛，龛内均可见坐佛像，具有早期中心柱窟的布局和造像特点。因该窟风化残损严重，无法确定其具体开凿年代，故暂定为北朝至唐[①]。该地区横山县境内石窟多分布于古代交通要道附近。学者靳之林、温玉成均认为古代自凉州（今甘肃武威）经陕北的吴旗、安塞、横山，通往代京（今山西大同）为一古道，其西通西域，东连辽东，称之为鄂尔多斯沙漠南缘路，大体沿秦代长城展开。横山县境内的8处石窟多分布于该古道附近。

延安市安塞区云岩寺石窟第6号窟，北魏，中心塔柱窟，平面略为方形，顶略微弧形，窟口方形。中心柱方形，三层楼阁式，分为底座、塔身和顶盖三部分，由下往上逐渐收分，上细下粗。四面各分三层造像，南面由上至下雕半跏思惟并二胁侍菩萨、交脚弥勒并二胁侍菩萨、一佛二弟子二菩萨；西面三层均为一佛二菩萨；北面和东面上下为一佛二菩萨，中部分别为鹿野苑说法图和涅槃图。中心柱四面造像多经后代补塑，并有彩绘，时代不详。窟内四壁，各开三层浅龛，除南壁东侧壁面中、下层各有一尖拱形浅龛外，其余均为圆拱形龛。四壁上层均开7个龛，北、东、西三壁中、下层分别开6个龛，南壁中、下层分别开4个龛，共72个龛。亦各分三层开龛造千佛像，造像题材为三世佛+佛传+千佛的组合。该窟内佛像衣饰有袒右半披式袈裟、交领袈裟；菩萨披帛则有经背后绕两肘下垂的旧式和绕肩后于腹前呈"×"形相交后再绕肘下垂的新式。窟内四壁造像规划整齐。每个龛内浮雕坐佛一尊，风格基本一致，头部大部分已毁，细长颈，肩部窄削斜直，胸腹中心线呈鱼脊状突起，上身修长，外着褒衣博带式袈裟，领部开口较低，呈"V"形，双手均拢于袈裟下，结跏趺坐[②]。其造像的特点是，均细长颈，肩部窄削斜直，胸腹中心线呈鱼脊状突起，上身修长，外着褒衣博带式袈裟。

延安市靖边县鱼头寺石窟，时代为北魏晚至西魏，其3号窟为中心柱窟，也是北魏晚期至西魏的风格，晚于延安云岩寺石窟第6号窟。中心柱为简练的方形柱，不似云岩寺中心柱繁复精致，是中心柱逐渐走向简化的表现。另外，3号窟造像虽保留"削肩"的典型特征，但是已经显示出壮硕的特点，趋于稍晚时期造像的特征。据靳之林、冉万里研究，云岩寺石窟6号窟

① 陕西石窟内容总录编纂委员会：《陕西石窟内容总录·榆林卷中》，陕西人民出版社，2017年，第644—653页。

② 陕西石窟内容总录编纂委员会：《陕西石窟内容总录·延安卷中》，陕西人民出版社，2017年，第680—683页。

为云冈三期①，那么，鱼头寺石窟3号窟应开凿于云冈三期或者更晚些②。其造像的典型特征是削肩，同时也显示出壮硕的特点。

　　延安石窟的分布与该地区古道的走向有着密切关系。有学者指出，陕北地区的北朝石窟沿两条古道分布。北线，石窟分布在由古凉州经由陕北的吴起、安塞、横山通往代京（今山西大同）的古道上，这条古道西通西域，东至辽东，称之鄂尔多斯沙漠南缘路，延安地区很多石窟如安塞县云山品寺石窟、界华寺石窟以及吴起县石窟寺等都在这条古道上。南线，石窟主要分布在由长安通往延安的古道附近③，如富县川庄石窟、黄陵县香坊石窟和麦洛安石窟就位于这条重要的通道上，呈线状分布。佛教的传播与交通条件密不可分，因此，延安石窟的分布大多处于交通条件较便利的川道或者古代驿站附近。此外，由长安通往甘肃庆阳和西北部边塞要地的繁华古道分布有很多驿站，安塞县的黑泉驿便是古代驿站，现在仍以驿称，黑泉驿石窟就位于此地。

　　综合以上所述，陕北石窟寺的地理分布，多位于古代交通要道附近，尤其是具有典型形制特征的中心塔柱窟，多为深受云冈石窟三期洞窟的影响而传播开来的，从北魏时期政治中心的大同云冈向西南，再往南，一路沿着古道驿站到达长安，随着古道上往来的僧侣，还有北魏拓跋政权一路南下的步伐，佛教造像艺术的云冈模式不断向南扩展，在这文化交流传播的历史潮流的裹挟中的陕北、陇东地区便是深受影响的地区之一。很明显，这个北朝时期的陕北、陇东地区先后深受来自大同的皇家石窟艺术的强大示范性作用的引领和感染，中心塔柱式洞窟从云冈石窟的传播影响到陕北，还有以长安为中心的佛教造像艺术的反向传播影响到陇东乃至陕北地区，这就造成了陇东地区石窟寺及造像艺术的复杂性特征，加之地域化的地方部族造像④这一特色的融合，使得陇东地区石窟艺术自身具有多样性和独特性的特征。

四、小　结

　　薛李石窟1号窟，是对较早的王母宫石窟、楼底村1号窟及河西北朝中心柱石窟的借鉴吸收基础上的简单化复制和模仿，其中心柱的基本窟形都是源于较早的云冈石窟第6窟。薛李石窟1号窟仅仅是有中心塔柱的建筑构造的基本布局，并没有繁复、庞杂的龛像布局及装饰造像题材的内容，其洞窟布局的体量也比较小，从规模上就不具备如云冈石窟第6窟、王母宫石窟及楼底村1号窟的复杂性。王母宫石窟、楼底村1号窟在洞窟形制、造像布局、造像内容等方面与云冈石窟第6窟之间确实有着明显的渊源关系，尤其是王母宫石窟与云冈石窟第6窟更为相似。薛李石窟1号窟相比较前三者，无论形制、布局，还是内容，都更为简化。这些特征也是在某种程度上深受陕北石窟布局简化因素的直接影响。

薛李石窟2号窟，虽然窟内造像壁画等布局内容不存，但是从其窟形和仅存的造像痕迹来看，其题材布局也有对北石窟寺165号窟及南石窟寺1号窟高度模仿的成分在内，可能和北石窟寺第165号窟和南石窟寺1号窟为代表的覆斗顶殿堂式七佛窟的布局和内容十分相似。

介于云冈石窟和陇东地区石窟艺术之间的传播路线上的陕北石窟，尤其以榆林市横山区红门寺石窟7号窟、延安市安塞县云岩寺石窟第6号窟及靖边县鱼头寺石窟3号窟等为代表的中心塔柱式洞窟为代表，多位于古代交通要道附近，且多深受云冈石窟三期洞窟的影响，也有以长安为中心的佛教造像艺术的反向传播影响到陇东乃至陕北地区的情况，从而造成陇东地区石窟寺及造像艺术的复杂性、多样性和独特性特征。

第六章　蒲河流域佛教艺术的传播交流

一、蒲河流域概况

蒲河，黄河支流泾河的支流。流经甘肃省庆阳市的环县、镇原县和平凉市的泾川县，至庆阳市宁县境内的长庆桥注入泾河，河源海拔1580米，河流全长204千米，流域面积7482平方千米，河道平均比降4.5‰。蒲河支沟发育，较大支沟有黑河、交口河、茹河、康家河等。流经区域行政归属今环县、庆城县、镇原县、西峰区、泾川县、宁县。蒲河的发源地，上游名马家河，古称大胡河，流经环县45千米入镇原县[①]。蒲河上游马家河经殷家城乡流入镇原县境，东南流至三岔镇，并汇合源于宁夏固原市罗洼大涝池的安家川河，始称蒲河。自西向东有三条西北—东南的支流：安家川河、白家川河及康家河（黑泉河），在三岔镇一带最终汇集成蒲河。安家川河源于环县芦家湾乡宋家掌，东南流经芦家湾南部，于小花豹掌附近入宁夏界，再东南流入镇原县境，然后东流至三岔西入蒲河。白家川河源于环县毛井乡砖城子、牛寨柯一带[②]，东南流经镇原县殷家城乡，到三岔镇汇入从西北下流而来的安家川河。康家河源于环县车道杨家掌，上游称黑泉河，东南流经环县演武乡至镇原县三岔镇石嘴入蒲河，再往东南经柳州城村，进入方山乡、新集镇（原王寨乡撤并入）、孟坝镇、太平镇，在巴家嘴，黑河自北向南汇入后，始为镇原县与西峰区的界河，此处建有巴家嘴水库，出库后，至居寺沟覆钟山北石窟寺附近，茹河自西向东汇入，始为镇原县与西峰区的界河，至上肖乡东南部出境。蒲河在西峰区边界，有大、小黑河汇合后的黑河汇入干流，沿庆阳西南边境东南流，上段为与镇原县的界河，下段为与泾川县的界河，在显胜乡东南部出境。蒲河于高家山南入宁县境，经过西部边界。北段为宁县与泾川县界，主要在长庆桥镇境内，南至长庆桥北江村汇入泾河（图一一八）。

茹河，属泾河支流蒲河的最大支流，其上游源头，多数认为是在宁夏固原市原州区赛科乡境内左侧（西北）较大支流小川河，其上游又称黄家河，黄家河有母家沟支流和康沟水库河支流两条，流域面积约80平方千米，自北而南流经赛科乡、交岔乡、河川乡、川口乡，到彭阳

---

① 庆阳地区志编纂委员会：《庆阳地区志》，兰州大学出版社，1998年，第272、273页。
② 环县志编纂委员会：《环县志》，甘肃人民出版社，1993年，第7、8页。

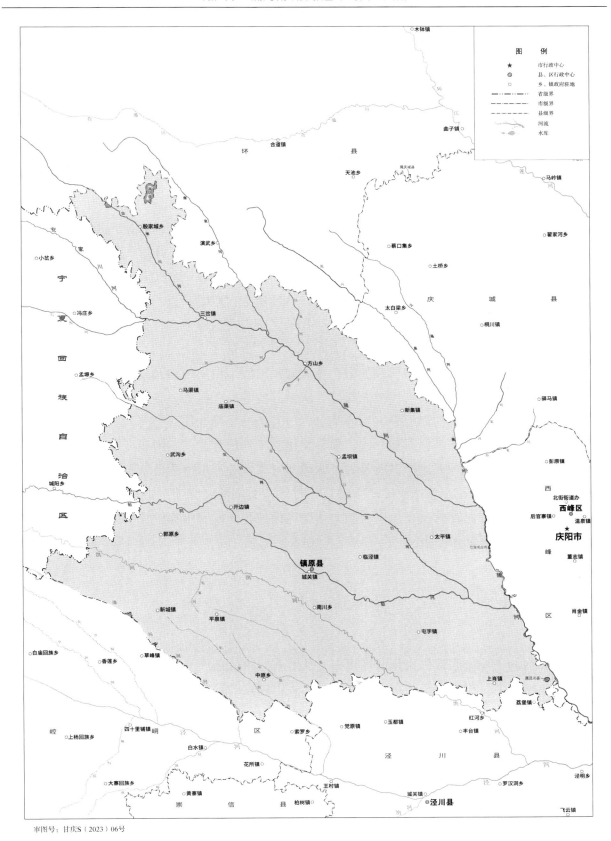

图一一八　蒲河流域水系分布示意图

县白阳镇的嵝岘水库下游汇流，与自西而东汇入的古城川（洄河）交汇，再往东进入镇原县。另一说是发源于宁夏固原市原州区开城乡水沟壕，由西向东经古城镇，在彭阳县汇入由北而下的茹河，称为古城川（洄河）。之后经城阳镇东西向进入镇原县境，到开边镇东南流经镇原县城，在太平镇寺沟圈汇入蒲河，全长92.8千米，流域面积2088平方千米。茹河流域属黄土丘陵地貌，由于降水比较集中，土壤沙化，植被覆盖率低，流水侵蚀比较严重，河谷大体为"U"形，岸坡较陡直。茹河流域在宁夏彭阳段发源于宁夏固原彭阳县交岔乡北部，自北向南流经彭阳县的若干乡镇，依次有交岔乡、石岔乡、川口乡、白阳镇、城阳乡。茹河有条小支流，发源于古城镇崇沟，经店洼水库向东南至彭阳县城注入茹河；在甘肃镇原段，经过镇原县，依次有武沟乡、开边乡，绕镇原县城而过，经屯字镇境等，并在下碾张家川口有交口河从西北汇入茹河，再往东南流向太平镇北石窟寺附近汇入蒲河，入泾河再进渭河、黄河奔向大海。

　　基于对蒲河流域佛教石窟艺术的关注和研究，我们在对田园子石窟、薛李石窟、柳州城石窟及申家山石窟的考古发掘和专题调查之后，从区域考古专题调查的角度出发，有必要对蒲河流域开展历史文化资源的系统梳理和研究。我们之所以要这样考虑，是认为一个地域的历史文化积淀是其一切文化交流和传播的内驱力和原动力，也是文化交流和互鉴的积极因素。所涉及的地域范围，就是从蒲河上游所在的多个支流安家川河、白家川河及康家河（黑泉河）所在宁夏固原交界、环县境开始，再经镇原县境、庆城县境蒲河支流大、小黑河、西峰区、宁县及泾川县境的蒲河所经区域两侧河谷、沟昴梁台，对其进行全部地毯式野外调查，采用区域性考古调查的方法，从旧石器、新石器时代，周秦文化、汉到魏晋北朝、隋唐、宋元明清各个时代的历史文化进行综合梳理。这样做就是为了明确蒲河流域的古聚落遗址、古城址、石窟寺及造像、古道等类别的文化遗产的分布，探讨其各时代各类别的文化遗产的内涵、性质及传播规律，摸清文化遗产的保存状况，为以后的文化遗产保护和开发利用提供技术支撑，为文化遗产的保护传承工作做好学术指引。

二、蒲河流域历史文化概述

　　甘肃境内的华夏文明源头文化遗存很多，从旧石器时代至周秦都有发现。甘肃地区是旧石器时代人类顽强生存积极开拓的重要区域之一。陇山以东的镇原县姜家湾和寺沟口两地均位于蒲河西岸，1974年，中国科学院古脊椎动物与古人类研究所和甘肃省博物馆组成考古调查组进行考古发掘，发现有约20万年前的旧石器时代中期的文化遗址，姜家湾、寺沟口的原始先民们就已打破蒲河两岸的沉寂，在这片土地上繁衍生息。

　　甘肃新发现的新石器时代遗址多位于黄河及其支流附近。约在四五万年前，人类在这里的活动已经相当频繁。已经发现的大批新石器时代遗址表明远在距今7000—5000年前，这里的先民们就开始从事狩猎和原始农业经济生活，遗留下许多珍贵的遗物。作为黄河第一支流泾河的支流——蒲河流域，这里主要是仰韶文化（庙底沟类型）、常山下层文化的人群活动，分布于蒲河及其支流的二三级台地上。放眼蒲河流经地区的环县、庆城县、镇原县、西峰区、宁县及泾川县境，尤以镇原县为中心的陇东高原，是常山下层文化遗存分布最为密集的地区，尤其是在镇原县境的三岔镇、方山乡、新集镇、太平镇及上肖乡周边一带的蒲河两岸的台地或者梁峁上，更是常山下层文化遗存的核心分布地带。

仰韶文化在蒲河流域也有分布，典型的代表就是南佐遗址，位于西峰区后官寨乡南佐村东南1.5千米处。曾于1984年、1986年、1994—1996年先后发掘过5次，发现有灰坑、窖穴、白灰面居址、夯土台基等遗迹。发掘出土大型夯筑祭祀性殿堂建筑，前堂后室，南北长33.5、东西宽18.8米，室内面积630平方米，纯净的黄土平地板夹夯筑墙体，墙体外侧有排列整齐的柱洞。南部敞开，无墙。室内抹有白灰面，室外三面墙基下有散水，且经烧烤。墙外堆积较杂乱，内有大量红烧土块及动物骨骼、炭化粮食等。出土陶器以泥质红陶居多，其次有夹砂红陶、泥质灰陶、橙黄陶；器表以素面为主，主要饰绳纹、附加堆纹、锥刺纹、篮纹，彩陶纹样有黑彩条带纹等；器形有深腹罐、侈口罐、宽沿盆、尖底瓶及大量的骨匕、骨镞等，少见石器。属仰韶文化晚期遗存[1]。发现的大量炭化粮食（稻、粟、稷等）对研究农业起源、农作物的种植与分布交流等也具有十分重要的意义[2]。南佐遗址出土的大型建筑基址结构宏伟，表明它是泾渭地区又一处高等级的中心遗址，"该遗址的大型殿堂式建筑，是继秦安大地湾、礼县高寺头发现的仰韶文化晚期大型房址之后的又一次重要发现，对研究仰韶文化晚期西北地区人类社会形态及其文明孕育过程和性质具有重要价值"[3]。2021年6月，经国家文物局批准，甘肃省文物考古研究所牵头，联合中国人民大学、西北工业大学、兰州大学等单位组成联合考古队，进行新的一轮考古发掘，南佐遗址的新发现，对于客观认识黄河中游、黄土高原尤其是陇东地区在中华文明起源和形成过程中的关键地位，对于实证中华五千年文明史，都具有极为重要的意义。

另外，还有几处蒲河边的仰韶文化庙底沟类型的遗址也是比较重要的。例如：刘城遗址，仰韶庙底沟类型，位于显胜乡刘城村东；面积约1万平方米，文化层厚1—2米，暴露有灰坑和居址；采集有黑彩变体鱼纹彩陶盆、泥质红陶罐、灰陶盆等残片。庙台山遗址，仰韶庙底沟类型，后官寨乡赵家嘴村西2千米；面积约2万平方米，文化层厚1—1.5米，暴露有灰坑和居址；采集有夹砂红陶罐、泥质红陶细绳纹尖底瓶等残片。纸房赵遗址，新石器时代，位于肖金镇纸房赵家村东南1千米，面积约18万平方米，文化层厚0.5—3米，暴露有白灰面居址；出土有泥质灰陶细绳纹尖底瓶、夹砂红陶罐和泥质红陶钵等残片，属仰韶文化庙底沟类型遗存。

① 闫渭清：《西峰市南佐新石器时代晚期遗址》，《中国考古学年鉴（1987）》，文物出版社，1988年；赵建龙：《庆阳县疙瘩渠新石器时代遗址》，《中国考古学（1986）》，文物出版社，1987年；赵雪野：《西峰市南佐疙瘩渠仰韶文化大型建筑址》，《中国考古学（1995）》，文物出版社，1997年；赵雪野：《西峰市南佐新石器时代遗址》，《中国考古学（1997）》，文物出版社，1999年。

② 张文绪、王辉：《甘肃庆阳遗址古栽培稻的研究》，《农业考古》2000年第3期。

③ 甘肃省地方史志编纂委员会、《甘肃省志·文物志》编纂委员会：《甘肃省志·文物志》，文物出版社，2018年，第63、64页。

　　黄河是我国古代文明的摇篮，黄河中上游地区泾河流域蒲河支流的茹河，潺潺的茹河水，东西穿越镇原全境，滋润着两岸的肥田沃土。在距今约7000年前，一些氏族公社就逐渐在渭河流域、茹河两岸定居下来，以自己的辛勤劳动，创造着历史和文明。而在镇原考古发掘出土的常山遗址及其典型的常山下层文化就是继仰韶文化之后，又一个具有代表性的原始文化遗存。常山遗址，位于镇原县城关镇常山村东南200米、城西约3千米茹河南岸旁的常山东侧山下东西向的小台地上，台地南北长100、东西宽60—300米。时代为新石器时代、青铜时代、西周，面积约3万平方米，文化层厚约1米，采集有泥质红陶杯、盆、盘、碗、瓮、罐等，属常山下层文化遗存。1978年底，中国社会科学院考古研究所考古学家胡谦盈主持进行了部分发掘，年代测定为公元前2930年（±180年），较齐家文化早900年，相对年代晚于仰韶文化而早于先周文化。1979年发掘时还发现有西周文化层和常山下层文化层。西周文化层厚0.2—1.1米，出土陶片可辨器形有鬲、簋、豆、罐等；常山下层文化层厚0.1—0.5米，主要出土有杯、盆、盘、碗、瓮残片及少量兽骨，并发现圆形单室土窑式或半土窑式的房址及椭圆形灰坑、袋状窖穴等。鉴于其与齐家文化差别较大，命名为常山下层文化，并认为"常山下层文化是继仰韶文化以后的一种原始文化遗存"，对研究泾渭水流域古文化的有关问题具有一定的学术价值[①]。

　　大塬遗址、老虎嘴遗址是最具代表性的典型遗址。大塬遗址，位于镇原县三岔镇大塬行政村大塬自然村东南500米，蒲河支流康家河东岸的梁峁丘地。新石器时代—青铜时代，面积约15万平方米，文化层厚1—2米，暴露有窖穴、墓葬，采集有泥质红陶高领折肩罐、绳纹双大耳罐、篮纹瓮残片及磨制石斧、石刀、石矛等。属常山下层文化遗存。出土的玉器（玉环、玉锛、玉斧、玉铲）可能昭示着齐家文化玉器的源头就在常山下层文化。与大塬遗址南北遥望的老虎嘴遗址，位于蒲河南的镇原县庙渠乡黄土塬上老虎嘴村西北400米。新石器时代—青铜时代，面积约8万平方米，暴露有窖穴和墓葬；采集有泥质红陶篮纹、刻划纹罐，单耳罐残片及石斧、石刀等。属常山下层文化遗存。出土多节子母套接的斜行篮纹陶水管，长达27米，是我国史前考古的重大发现，无疑是蒲河流域历史上镇原先民的伟大发明。与陶水管共出的绹纹带盖单耳罐，还有较多的划纹单耳罐、剔刺纹颈壶形器等，都与常山遗址出土的陶器在器形和纹饰上极为相似。

　　周秦是中华礼制文明的完善时期，是华夏民族和中华帝国的成熟时期，对中国历史的走向和华夏文明的发展产生了决定性影响。秦先祖的历史开始于甘肃东南的渭河、西汉水流域，周人的祖先也曾在陇东的泾河支流马莲河流域繁衍发展。因此，甘肃是周文明和秦文明的发祥地。夏朝末年，周人先祖不窋率领族人来到陇东，周人在这里历经十二世之久，势力逐渐壮大，最后进军关中。与马莲河流域相邻的西边的蒲河流域也有周文化的发现，从历年来文物普

　　① 中国社会科学院考古研究所泾渭工作队：《陇东镇原常山遗址发掘简报》，《考古》1981年第3期；陈昱、洪方：《陇东镇原常山下层遗存浅析》，《考古》1982年第4期；胡谦盈：《答〈陇东镇原常山下层遗存浅析〉》，《考古》1991年第3期；胡谦盈：《论常山下层文化》，《中国原始文化论集——纪念尹达八十诞辰》，文物出版社，1989年。

查掌握的情况看，最远到达三岔镇以西的庄门村，如：高庄遗址，位于镇原县三岔镇庄门村，新石器时代—青铜时代，省级文物保护单位，面积约8万平方米，文化层厚1—3米，暴露有房址、窑址和窖穴；采集陶器、石器和骨器52件，其中有仰韶文化庙底沟类型彩陶蛙纹钵、盆、泥质红陶钵、盆、尖底瓶等残片，另有常山下层文化夹砂红陶罐，周代泥质灰陶壶等器物残片。另外，在蒲河的支流茹河也有周文化，比如：二十铺遗址，位于镇原县开边乡二十里铺村，属仰韶文化半坡类型、常山下层文化、周、汉不同时期，面积约6万平方米，文化层厚约0.8米；采集有仰韶文化半坡类型夹砂红陶罐，常山下层文化泥质红陶篮纹罐、盆，周代泥质红陶罐、盆、碗，汉代泥质灰陶罐、瓶等器物残片。常山遗址，常山下层文化、西周，位于城关镇常山村东南200米（前文已述，不赘）。后河遗址，位于镇原县城关镇祁川行政村旋老自然村茹河北岸二级台地上。东至黄弯弯，南依茹河，西接段高庄，北靠祁川塬头自然村，东西长约400、南北宽约500米，面积约20万平方米。遗址主要分布在祁川旋佬与后河村的平台上，北面残存城墙，残长100、残高5—7米，夯层清晰可见，夯层厚0.12—0.15米。据调查曾经发现大量的瓦砾层堆积，厚1米，距地表1.5米。出土汉代谷纹玉璧、铜盆、铜灯、铜车辕饰等。调查时采集有弦纹、绳纹、方格网纹的鬲、釜等，还有圆形云纹瓦当及回纹砖等。出土器物有白虎瓦当、动物纹瓦当等。尤其是在附近富家坪出土的秦始皇二十六年铜诏版，被定为国家一级文物，证明秦时镇原属北地郡管辖，地理位置十分重要。也有学者研究认为此地可能就是汉代北地郡安定县所在①。在茹河汇入蒲河的西北台地上有周文化，如：居士沟遗址，新石器时代、周、汉，镇原县太平镇杨湾村东1千米，面积约5万平方米，文化层厚约2米。采集有仰韶文化庙底沟类型泥质红陶敛口钵、灰陶盆残片，彩陶纹样有黑彩勾叶圆点纹，施于陶器的口沿和腹部，周代夹砂灰陶绳纹鬲、罐和高领鼓腹素面罐，汉代绳纹罐、平行绳纹瓦等器物残片。

战国秦长城，从宁夏彭阳县向东进入甘肃镇原县武沟乡刘家堡子，然后呈西南—东北走向，经白草洼进入马渠乡城墙湾，经墩墩洼、四坪进入三岔镇高庄，向东沿安家川河北岸经高湾折向东北，再经高家嵝岘、周家庄，进入环县演武乡的旧庄，全长约39千米。保存较好的有两段，一般基宽在6米左右，残高2.2—3.5米，夯层厚0.07—0.11米。境内长城建筑特点为利用冲沟断崖，外削内堙，且外墙内道，墙道并行。战国秦长城在镇原县三岔镇米家川以西的高庄附近、从蒲河上游的安家川河跨越河谷，保存较好的地段有：水磨渠长城，位于马渠乡水磨渠村，呈南北走向，残长800米，墙体夯土版筑，基宽1.5、残高3米，夯层厚0.12—0.13米，附近散见粗绳纹板瓦、筒瓦残片。高庄长城，位于三岔镇高庄村东1千米，呈东西走向，残长5.7千米，墙体夯土版筑，基宽4.3、残高3.8米，夯层厚约0.1米。梁台城障长城，位于三岔镇高湾村东北500米，长城南侧现存障墙夯土版筑，东西残长18、南北宽6、残高2.5米，夯层厚0.1米；地表散见粗绳纹麻点板瓦残片，采集有"千秋万岁"瓦当。高嵝岘烽燧，位于三岔镇高湾村北800米，夯筑圆台体，底径15、顶径8、残高5米，夯层厚0.1—0.12米，夯土纯净、坚硬。周

---

① 刘满：《战国秦长城下的边陲重镇镇原城》，《河陇历史地理研究》，甘肃文化出版社，2009年，第376—386页；王博文：《西汉安定郡彭阳、安定、扶夷三县治所考》，《文博》2023年第1期。

家庄长城，位于三岔镇周家庄村南200米。在环县境，位于演武乡的张营儿遗址，时代为秦、汉、宋，战国秦长城从此地经过。遗址有汉代墓葬及五铢钱，采集标本有红陶罐、灰陶罐、宋瓷等残片。中庄遗址，时代为新石器、秦、汉，延续时间较长，战国秦长城从此经过，东侧河岸边有一长城烽燧遗址，遗址东西长约220、宽约300米，面积约6.6万平方米。遗址内出土铁斧1件、残石斧1件、红陶片、灰陶片、秦代瓦片、瓦当等残片，台地上还有一段似秦代房址的地基形状，长约50米。石咀山烽燧，位于环县演武乡吴家塬村枣树渠组，在黑泉河下游，黑泉河与四湾沟交汇处的小山峁上，北距乡政府约5千米，东为黑泉河，北为四湾沟，西、南两面均为荒山。遗址呈馒头形，系黄土夯筑而成，底径约15、残高5米，面积约176平方米，地表遗物有汉代瓦片。从文物地表分布情况看，意味着在镇原县三岔镇的西北方向，蒲河上游的康家河、白家川河及安家川河地区属于战国时期秦国的疆域之外。

　　由于特殊的自然条件和地理位置，在蒲河流域沿线人们的居住地附近集中保留了各个时期的宗教、古城、驿道交通站点及各种规模的古墓群等遗存，与广泛分布的石窟寺一样相关联的古城址，也是蒲河流域的重要文化遗产（图一一九）。蒲河流域保存至今的古城主要是宋、明时期的各种军事防御性质的城寨遗存，还有与其相互配合的北宋时期烽火台等，少数是兼有当时地方行政职能的城市。在蒲河源头所在的安家川河、白家川河及黑泉河（康家河）的沟峁梁上，今属环县毛井乡、芦家湾乡、车道乡及演武乡境，亦分布着大量宋、明时期的烽火台，是与这些古城相互配合的军事防御系统的组成部分。例如，马家河烽火台遗址，宋，在车道乡、芦家湾乡、毛井乡境，位于马家河沿线两岸山梁上，南起环县与镇原县交界处的车道乡红台村，向西北经芦家湾乡，抵毛井乡马家河的源头及北部山坡梁，北与黑泉河线烽火台相望。同属北宋时范仲淹为抵御西夏所构筑的防御体系，现存23座。烽火台以夯筑圆台体和四棱台体为主，夯层最薄0.05米，最厚0.18米，沿线城堡多塌毁或被夷为平地[①]。黑泉河烽火台遗址，宋，在演武乡、车道乡境，位于黑泉河沿线两岸山梁上，南起环县与镇原县交界处的演武乡，向西北抵车道乡黑泉河源头，北接合道川线烽火台，南临马家河线烽火台，同属北宋时范仲淹为抵御西夏所构筑的防御体系，现存7座。烽火台以夯筑正四棱台体和圆台体为主，夯层最薄0.12米，最厚0.18米[②]。这些烽火台组成的防御系统拱卫着耳朵城（宋、明）、半个城（汉、宋）、三角城（宋）、营盘山城（宋）、窦城子城（宋）、殷家城（宋）、万安城（宋、明）及白马城（明）等城址，这些古城址中有许多在明代也因各种原因被沿用。

　　彭阳古城，镇原县太平镇上城行政村东山自然村南约50米处，原彭阳乡政府所在地。汉一宋，城平面呈正方形，边长250米，四角有角墩。现存东、南城墙，为夯土板筑，基宽5、残高10米，夯层厚0.2—0.3米。南、北两面辟门。曾采集有铜镜、铜币和青瓷碗、盘残片。《大清一统志》载：彭阳县，汉属安定郡，晋因之，北魏属原州，隋废，唐改义县，宋复为彭阳，

① 国家文物局主编：《中国文物地图集·甘肃分册》，测绘出版社，2011年，第226、387页。
② 国家文物局主编：《中国文物地图集·甘肃分册》，测绘出版社，2011年，第227、287页。

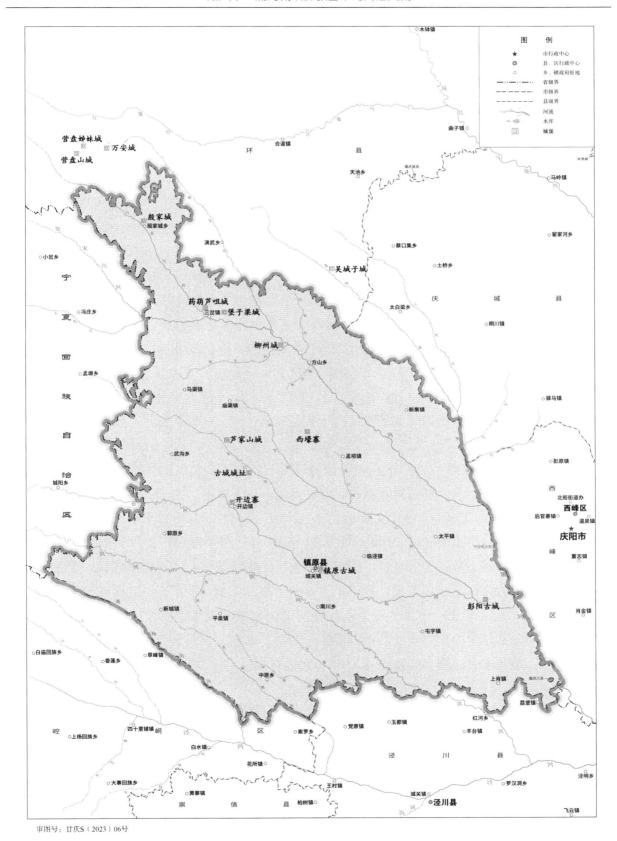

审图号：甘庆S（2023）06号

图——九　蒲河流域古城址分布示意图

后废之。是汉代安定郡彭阳县所在，唐代义县、宋代彭阳城所在，属行政、军事兼备性质的古城。彭阳县作为甘肃最早设置的郡县之一，雄踞萧关—茹河道，成为秦汉时期关中与塞北之间的交通要冲，以及西汉大军征伐匈奴的重要军事通道。茹河流经汉朝那县（今宁夏彭阳县古城镇古城，宋置东山寨）和古彭阳县（今甘肃镇原县太平镇彭阳村茹河北，有汉彭阳县城址）①，故名彭阳川，又名朝那川。沿古彭阳川横贯东西的古代交通要道——原州—彭阳道，也叫"萧关—茹河道"。《史记·匈奴列传》载汉文帝十四年"匈奴单于十四万骑入朝那萧关，杀北地都尉印，虏人民畜产甚多，遂至彭阳。使奇兵入烧回中宫，候骑至雍、甘泉"②。这是最早记载古彭阳川道路的历史文献。匈奴单于进犯长安兵分两路：一路就是入朝那萧关、东进彭阳，继续往东南，经今宁县进入今陕西旬邑境，走的是一条沿茹河东进再南下的道路。西汉末，班彪为躲避关中战乱，自长安出发往投姑臧（今甘肃武威市凉州区），据途中所见作《北征赋》："朝发轫于长都兮，夕宿瓠谷之玄宫，历云门而反顾，望通天之崇崇，乘陵岗以登降，息郇邠之邑乡。慕公刘之遗德，及行苇之不伤……登赤须之长坂（阪），入义渠之旧城……直（指）安定以为期……过泥阳而太息兮，北（悲）祖庙之不修，释余马之彭阳兮……越安定以容与兮，遵长城之漫漫。"③记述其行程：由长安北上，经谷口（今陕西礼泉西北）、云阳（今陕西淳化）、旬邑（今陕西旬邑北）、泥阳（今甘肃宁县一带）、义渠（今甘肃庆阳西南宁县）、彭阳（今甘肃镇原县太平镇彭阳村）等地后至安定郡治高平（今宁夏固原），而后再前往姑臧。班彪《北征赋》所记也是这条"萧关—茹河道"，也是唐宋以来陇东茶马古道支线④。

柳州城址，位于镇原县三岔镇石咀行政村向东100米的柳州城自然村蒲河南岸上。东接十八岘，南依柳州城山，西邻石咀自然村，北临蒲河。南北宽约270、东西长约300米，面积约8.1万平方米。城呈不规则形，依山势而就，破坏严重，仅存残垣高约2米，长50余米。南有一小瓮城，门向不清。最新调查时城墙全部已毁，随处可拣到豆青刻花瓷片、白釉瓷片等。据《武经总要》前集卷十八："柳泉镇，旧名鹁鸽泉，今名柳泉镇。西即熟户明珠、灭藏、康奴等族帐。北绥宁砦，西至故城五里，东至宁州界七十里，南至州四十里，北至环州界十里。"又《镇原县志》载"县北八十里，即十八岘地所谓柳泉城。宋为镇，今废城尚存"，"县北八十里"即今三岔与方山交界处的清水河桥西。根据县志记载和采集标本分析，此为宋代柳泉镇古城遗存，是北宋时原州（今镇原县）与西夏边界处的军防城寨。因为蒲河流域石窟寺调查

① 古彭阳县县治所，多年来多数学者一般都认为今镇原县太平镇彭阳村茹河北的古城址，就是安定郡彭阳县治。近来王博文发的主张：最早的汉安定郡彭阳县所在位置，不在今彭阳村古城，而是在距其东约3千米的阳湾遗址。笔者也曾在王博文陪同下考察过阳湾遗址，确实有夯土层墙体存在，也可见墙体外围壕沟。可备一说。详见王博文：《西汉安定郡彭阳、安定、抚夷三县治所考》，《文博》2023年第1期。以下再论及汉彭阳县同此，不再赘注。

② （汉）司马迁《史记》卷110《匈奴列传》第五十，第8册，中华书局，1959年，第2901页。

③ （清）严可均校辑：《全上古三代秦汉三国六朝文·全后汉文》卷二十三，中华书局，2012年，第597页。

④ 郑国穆：《甘肃陇东地区茶马古道文化遗产考察研究——甘肃茶马古道文化线路遗产考察之三》，《天水师范学院学报》2015年第6期。

新发现的"柳州城石窟"就是在古柳泉镇之内，前文"柳州城石窟"一节便有详细论述，故此不做重复，从略不赘。

耳朵城，位于宁夏彭阳县小岔乡耳朵城村，蒲河上游安家川河北的山梁上。周长2.3千米，面积21.2万平方米，平面呈耳朵形。东城墙长1000米，西城墙长730米，南城墙长500米，北城墙据上最高点修筑长15米。古城依山修筑，北城据山修筑，距离山顶部分东西宽30—50米，台地结合部分东西宽240米。西墙外为缓坡，在西城墙外沿两条南北走向的山脊增修两道城墙，城墙之间修筑护城壕沟。山顶修筑长方形城，城外修筑护城壕。城内沿山坡东西分阶梯加修长30、50、60米的三道城墙。东城墙外山坡坡度大，崭山修筑成壕。南城墙依山坡台地修筑，南临安家川河，东临沟壑，西接台地，东南角修筑城门及瓮城，南城墙近西南角从城内向安家川河修筑有取水壕沟。南城墙外崭山形成断崖。城墙现存完整马面10个，城墙保存完整①。北宋时属原州（今镇原县）柳泉镇所辖，地处镇戎军（今固原市）与原州交界处。据《元丰九域志》载："柳泉，州西北七十里。领耳朵城一堡。寨五：端拱元年置西壕。咸平元年置开边。天圣五年置平安。庆历四年置绥宁，五年置靖安。熙宁三年废新门寨入开边。"②《续资治通鉴长编》卷六十九载："大中祥符元年六月甲午。庆州言筑耳垛城毕。上曰：此城无屯兵，止令蕃落自守，亦足为近塞之扞蔽也。"③《续资治通鉴长编》卷一百五十三载："（庆历四年十二月）环、原之间，属羌有明珠、密藏、康奴三族最大，素号强梗。抚之则骄不可制，伐之则险不可入。其北有二川，交通西界，宣抚使范仲淹议筑古细腰城断其路。于是檄知环州种世衡与知原州蒋偕共干其事。世衡时卧病，即日起兵，会偕于细腰，使甲士画夜筑城，先遣人以计略敌，敌果不争。又召三族酋长犒之，谕以官筑此城，为汝御寇。三族既出不意，又无敌援，因遂服从。城成而世衡卒。"④《武经总要》载："原州：耳朵城，古城也。庆历中重修，与绥宁、靖安二寨相应援。东佛空平川，西绥宁寨，南至州北边界。"⑤道光《镇原县志》载："耳朵故城，（宋地理志）柳泉镇领耳朵城一砦。《辑志》县北八十里十八岘（即古柳泉镇）高崖柳家川有城，形如耳朵。宋庆历中重修，捍御西夏，今尚存。蒲水所经，近安家川。"⑥另外，《嘉靖万历固原州志》："耳朵城，在州东北一百六十里。宋庆历中重修。今废，有遗址。"⑦《大明一统志》："柳泉镇，在镇原县西北七十里，宋置，属原州，领耳朵寨。"⑧从以上文献记载可知：耳朵城所在的蒲河上游安家川区域，是宋、夏时期边界地区的番部明珠、灭藏（又作"密藏"）、康奴三族所控制的地区。耳朵城是柳泉镇下

①　国家文物局主编：《中国文物地图集·宁夏分册》，文物出版社，2010年，第417页。

②　（宋）王存撰，王文楚、魏嵩山点校：《元丰九域志》卷三"陕西路"，中华书局，1984年。

③　（宋）李焘撰：《续资治通鉴长编》（第六册）卷六十九，中华书局，1995年。

④　（宋）李焘撰：《续资治通鉴长编》（第十一册）卷一百五十三，中华书局，1995年。

⑤　（宋）曾公亮：《武经总要》前集卷十八"原州"耳朵城，明万历二十七年（1599年）刊，金陵富春堂发行，清嘉庆重刻本。

⑥　（清）李从图总纂，张辉祖原纂：《镇原县志》卷八《地理》"古迹"，道光二十七年（1847年）刻本影印。

⑦　（明）杨经纂辑，刘敏宽纂次，牛大生、牛春生校勘：《嘉靖万历固原州志》，宁夏人民出版社，1985年。

⑧　（明）李贤等撰：《大明一统志》卷三十五"平凉府"，三秦出版社，1990年，第605页。

辖的堡寨，其修筑与范仲淹有关，最初是堡而非城，后升为寨城。该城于大中祥符元年（1008年）十月庆州所筑完工，最初是只令番部自守，捍蔽近寨。这些番部常与西夏相互勾结，袭扰大宋。庆历四年（1044年）正月范仲淹被调回京，任参知政事，多次上言朝廷后"檄知环州种世衡与知原州蒋偕"重修寨堡，斩断了番部和西夏的联系。金因之，元代废，明代杨一清督理陕西马政时，在耳朵城设马营，隶属万安苑，后废。

白马城，位于环县芦家湾乡下白马城东2千米处。宋、元、明。南、北各开一门。南城墙长约580、残高8—15米，北城墙长约140米，东城墙长约736米，西城墙长约650米。南城墙最高处15米，底宽10米，顶宽1米，东从大坟滩沟边沿山而上山顶后，下山至西边白马城沟边。东城墙沿沟边而筑，现有残存痕迹，西沟边城墙残存更少。山顶有一内城，称紫禁城，长75、宽88米。北部山顶有庙宇。内城内遍布灰瓦片、陶罐片及少量豆绿色宋瓷残片。沿沟边台地有青砖瓦片及大量青花瓷片，黑白釉及白地黑花瓷碗片。庙宇西南处有砂石碑一通。城北500米处存有一石碑，城周围有烽火台遗址6处。城中的《固原东路创修白马城记》残碑1通，记载嘉靖壬午年（1522年）兵部尚书兼都察院左副都御史杨一清采纳守备固原都指挥佥事刘文、固原卫苑马寺勘议指挥符深、围长张子仪等的意见，在虏寇从东路撒都城、白马井一带南侵深入平凉之地，"改筑白马井墩堡，在近水处又展筑月城，占据水头，使虏骑不得以南向饮马"而"断虏道"，派守城官构筑白马城，从而构筑起固原之地"中路则有预望，西则红古，东则今有白马"的保障之形的历史[①]。

半个城，位于环县虎洞乡半个城村西南600米。汉、宋。在甜水沟与苦水沟交界的三角台地上，依耙子山而建。平面呈不规则方形，边长105米，面积约1万平方米，南侧残留墙体3段，基长18、基宽6.8、残高2.5—5米，城西50米处又有一座平面呈"U"形的城址，面积约2500平方米，此城东、西两侧各有一瓮城，半个城即以此城得名。地表散见汉代粗、细绳纹板瓦、筒瓦残片及宋代豆绿釉瓷碗、盘残片等。

三角城，位于环县车道乡三角城村东2千米。宋。依山面河就地势修建，平面呈规则三角形，大部墙基已夷为耕地，现仅存残墙两段，总长50、残高1.6、基宽3、顶宽1.6米。夯土版筑，夯层厚0.05—0.07米，夯窝直径0.16米。周围散见大量瓷片、瓦片和灰陶片。

营盘山城，位于环县车道乡井沟姬村西南500米。宋。平面呈长方形，长85、宽30米。城墙夯土版筑，残高2、基宽4、顶宽1米。夯层厚0.07—0.08米，城门塌毁。城东北2千米处有一姊妹城，与此城完全相同。西20米处有一高7米的夯土烽火台。采集有砖、瓦残片和陶、瓷片。

石道坡古道址，位于西峰区董志镇寺沟川村东南500米。汉—北魏。开凿于蒲河东岸的石崖上，此段长300、宽4米。顺古道盘坡而上，有一条宽7—8米的大道，路长达4千米。古道途经今肖金镇三不同村进入宁县焦村西沟，途经焦村乡、坳马蔺店、杜家崾岘进坳村，下坡至马

① （明）杨经纂辑，刘敏宽纂次，牛大生、牛春生校勘：《嘉靖万历固原州志》，宁夏人民出版社，1985年，第24页；《固原东路创修白马城记》碑刻录文，收录在（明）王九思撰：《渼陂集》，伟文图书出版社有限公司，1976年，第355页。

莲河西岸，过河即到宁县县城，此即汉、北魏时的豳州古道。此古道另一端经过北石窟寺过蒲河，沿茹河而上经镇原县、彭阳县可达固原，再接续丝绸之路东段的北道，就是"茹河古道"。另外，在茹河北岸的山塬上也有一条自东向西横贯今镇原县全境的道路，这是自长安、咸阳通往关中、西北地区最早的道路，也是最早的丝绸之路。

三、蒲河流域佛教艺术的发展和传播

蒲河流域丰富悠久的历史文化底蕴，孕育了佛教艺术传播交流的土壤，佛教艺术在蒲河流域的发展和传播，与其地理环境和地形地貌有着密切关系。蒲河流域的水系分布，上游有康家河、白家川河、安家川河分别注入，中游有大黑河注入、交口河注入茹河，茹河最后在北石窟寺附近注入蒲河，各个支流纵横其间，长期切割冲刷这里堆积较厚的黄土，形成沟壑纵横的梁峁地貌，在沟谷地带岩石暴露形成陡峭崖面的部分，或者侵蚀河谷地带有砂岩出露形成石崖的地方，就具备天然的开凿石窟寺雕刻造像的自然条件，古人在审慎选择地形条件合适的地点开窟造像，同时也要满足可与交通古道相联系的必要条件的最佳地点，便逐渐形成了一定规模的石窟寺或者寺院，在不具备开窟造像的村落地带，古人逐渐采用塑造佛像或者雕凿单体石质佛像的方式以作为寺院大殿的供奉，或者铸造铜质佛像以供寺院供奉，还有就是为了信仰膜拜的方便，雕凿小型便于携带的佛像。

蒲河流域的核心区域是在镇原县境。历史上的镇原县，秦属北地郡，汉治安定郡设临泾县，唐宋为原州。这里是丝绸之路东段北线的主要干线所经之地，丝绸之路绿洲干道东段的关陇道，从长安起始，经咸阳、礼泉、乾县到彬县、长武至泾川县西北行，经平凉西入弹筝峡，经瓦亭关、萧关，北至固原，沿蔚茹水（今清水河）北经须弥山石窟、干盐池至靖远渡黄河至凉州的"关陇中道"，或从彬县北渡泾水，经宁县政平村（唐定平县）北行宁县，经庆城西北行，经环县到灵武渡黄河西行到武威的"关陇北道"。这条"关陇北道"从关中出发，也可在董志塬西部（今北石窟寺所在的覆钟山下）逆茹河西进，经镇原县境彭阳、开边，固原市境的杨城乡、彭阳县、古城镇到原州区，出萧关至河西走廊，这就是沿茹河延伸的"茹河古道"。在茹河古道上，优越的自然环境为佛教艺术提供了十分良好的条件，从北魏时期始，佛教石窟寺及金石造像便在蒲河及其支流的辐射区域发展起来，久盛不衰。一千多年来，佛教艺术在这里形成了具有地域特色、丰富多彩、延续完整的艺术风格，是陇东地区佛教艺术中的重要组成部分。

石窟寺及单体造像，在宁夏固原市彭阳县，甘肃庆阳市镇原县、庆城县及西峰区境内分布着从北魏到唐宋、明清时期的石窟寺，以及各类石质及青铜的单体或组合的造像，是蒲河流域富有特色的佛教文化遗产。我们先从蒲河上游地域来考察，就目前掌握的考古资料线索，首先映入眼帘的就是关于蒲河支流安家川河上游小石沟的一处摩崖佛造像。常湾摩崖造像，位于彭阳县城小岔乡吊岔村常家湾南1000米、小石沟15米高的悬崖上，小石沟作为蒲河支流安家川河的支流汇入。摩崖浮雕造像共七尊。居中雕刻拱形龛，高0.3、宽0.25米，一佛二菩萨，一供养人，共四身造像。龛内刻凿佛及弟子造像。正中雕一佛结跏趺坐于长方形榻床上，高肉髻，身着交领袈裟，双耳垂肩，双手合十于腹部，两眼微闭。两侧为二胁侍菩萨，头戴花冠，上着长衫，下着长裙，跣足而立。佛龛左下角雕刻一供养弟子，作单腿跪状，左手扶膝，右手呈托盘状。下方阴刻"三月二十九日，石佛图造，弟子负卫起，供养侍"。左侧三尊中，一尊雕刻为柳叶形佛龛，高0.3、宽0.21米。佛结跏趺坐于长方形榻床上，高肉髻，面相模糊，着袈裟，双手置于腹部，掌心向上。左侧阴刻"负衔起造"。其他两尊雕刻三角形佛龛，高分别为0.17、0.22米，底宽分别为0.17、0.21米。佛结跏趺坐于长方形榻床上，雕刻简单，面相模糊，着袈裟；右侧雕刻两拱形佛龛，高分别为0.24、0.16米，宽分别为0.16、0.13米。左边一佛结跏坐于长方形榻床上，高肉髻，着袈裟，双手置于腹前，阴刻题记，左侧"弟子□正翟"，右侧"四月十日□□□□"。右边一佛结跏趺坐于长方形榻床上，高肉髻，着袈裟，双手置于腹前，掌心向上。题记多处，可辨识右侧题刻"负显进造"，下方题刻"和平二年""弟子□□"（图一二〇、图一二一）[①]。

　　常湾摩崖造像的下部均有多处刻划模糊不清的题记，能辨识的供养人名字中多次出现"负"姓人物。无独有偶，1964年，在彭阳县白阳镇姚河村赵洼发现一座北魏砖室墓，出土墓

图一二〇　常湾摩崖造像全貌

①　杨宁国：《彭阳县文物志》，宁夏人民出版社，2003年，第103页；杨宁国：《彭阳历史文物》，宁夏人民教育出版社，2017年，第171、172页。

图一二一　常湾摩崖造像局部

志砖一方，铭文竖写阴刻"兖岐泾三州刺史新安子贠世墓志铭"，志文简略记载贠标的籍贯、家世和生平，尾题"大魏景明三年岁次壬午"（图一二二）①。墓主贠标是兖岐泾三州刺史新安子，字显业，泾州平凉郡阴盘县武都里人，卒于北魏景明三年（502年），晚于常湾摩崖造像的和平二年（461年）题记41年，符合贠标的活动时间。贠标的籍贯是北魏泾州平凉郡阴盘县武都里人，就是今平凉市崆峒区四十里铺泾河以北曹湾村的潘原故城（汉阴盘县，后魏平凉郡阴潘县，唐潘原县，元沿用）。此"贠标"必是常湾摩崖造像开凿供养纪年题记中的同一族人，说明该摩崖造像供养人的身份可能与贠标有关联，间接说明常湾摩崖造像的供养人社会地位不一般，以"贠标"为代表的贠姓至少在北魏和平到景明年间在今宁夏固原彭阳县、甘肃平凉崆峒区一带活动比较频繁。"贠"姓在北魏时期平凉郡应当属当地望族，今宁夏彭阳县白阳镇、新集乡及甘肃平凉市崆峒区一带应该是北魏时期平凉郡的管辖范围。另外，北魏和平二年（461年）纪年题记是蒲河流域比较早期的佛教造像雕刻，是宁夏现知时代最早且保存较好的北魏早期摩崖造像，为研究北魏时期佛教在西北的传播与发展提供了实物资料。

图一二二　北魏景明三年
贠标墓志砖

---

①　杨宁国：《宁夏彭阳县出土北魏贠标墓志砖》，《考古与文物》2001年第5期；杨宁国：《彭阳县文物志》，宁夏人民出版社，2003年，第138页；杨宁国：《彭阳历史文物》，宁夏人民教育出版社，2017年，第193页。

　　在常湾摩崖造像西北大约12千米处的安家川上游（属于蒲河上游支流），还有段园子石窟和李渠石窟两处石窟，相距约1.5千米。在这两处石窟东南约8千米处的安家川北岸的山顶筑有宋代的耳朵城。

　　段园子石窟，位于彭阳县城北65千米处罗洼乡张湾村的段园子，原名黄龙寺。石窟坐南面北，洞窟9处，上层1窟，毁坏严重，窟形难辨，下层8窟，保存较好。洞窟均为方形拱顶窟。进深2—3、高2米，窟门呈梯形，上有一尺见方窗孔。根据现存遗迹，窟壁残留数排小圆孔，内原有壁画和泥塑像。壁画绘在草拌泥地仗层之上的白灰层上，现已剥落毁坏。塑像及石雕佛像仅存残件。窟前残存石碑，题额"皇图巩固国泰民安"，碑文字迹漫漶，据彭阳县学者研究认为，凿窟时间为明代[①]（图一二三）。

　　段园子石窟，据三普资料记载，应该是现存9个洞窟，石窟整体坐南面北。从《彭阳历史文物》的石窟远景图片看，山体石崖立面布局就是窑洞形式的洞窟，中间的三个窑洞大些，越往两侧，窑洞体量越小，窟门为上部圆拱形或者方形，在窟门上部开方形明窗。洞窟的内部平面及壁面布局规模不得而知。洞窟的开凿时代，到底不可考，还是大约在明代？有何依据？我们认为，段园子石窟可能是结合本地建筑形制的窑洞形式，类似陇东明清时期多见的窑庙。环县、庆城及西峰区多见窑洞式的庙，窑洞里面有石造佛像或者泥塑的道教诸神的内容[②]，就和我们多见的土木建筑的寺院是一样的，不过就是结合当地民居窑洞的建筑形式。这就是石窟寺模拟地上建筑的做法，也是佛教石窟寺地方化的结果。其中的9号窟中间有个比较细的圆柱形立柱[③]（图一二四），也不是我们一般所说石窟洞窟中间的中心塔柱的塔庙窟中心柱子有几个立面的造像龛的形制。当然，它还是有作为建筑结构力学中减重支撑窟顶作用的，但是已经没有源于最早的古印度中心置覆钵塔的支提窟及后来中国中原地区中心柱塔庙的围绕中心塔的作用了。

　　李渠石窟，位于彭阳县城西北65千米处的小岔乡李渠村。坐西面东，前临小沟，周围为纵横交错的沟壑，西北距段园子石窟1.5千米。石窟现仅存2个洞窟，窟室凿通相连，为平顶方形窟。进深4、宽2.5、高2.5米。左窟，残存九尊像痕迹，通高2米，佛像高1.1米，佛头残失，结跏趺坐于莲花宝座上，身着袈裟。两侧各有四尊小佛，像高1.3米，毁坏严重。右窟，佛像全部毁坏，无痕迹。开窟时代待考证（图一二五）[④]。

　　从李渠石窟的北窟窟形结构及形制看，其为单室后部中心柱，两侧是纵向券顶的甬道"过洞式"，可以绕行中心柱通往后甬道做礼拜，后甬道与左右侧甬道高度基本一致，中心柱正

　　① 杨宁国：《彭阳县文物志》，宁夏人民出版社，2003年，第102页；杨宁国：《彭阳历史文物》，宁夏人民教育出版社，2017年，第253页。前后记载不一，前者记载10个窟，坐西面东。后者记载9个洞窟，坐南面北。据三普资料记载，应该采信后者。

　　② 参见甘肃省第三次全国文物普查的资料记录。环县有小南沟乡李上山村的何家寺窑庙、张中沟窑庙，有明清时期佛教与道教题材的雕塑及壁画，是窑洞建筑和雕塑、壁画的珠联璧合。西峰区有庄子洼窑庙址，最为典型，是在陇东崖庄窑洞内安置石雕像、菩萨、罗汉等艺术造型，是雕塑艺术与窑洞的完美结合。

　　③ 杨宁国：《彭阳历史文物》，宁夏人民教育出版社，2017年，第253页。

　　④ 杨宁国：《彭阳县文物志》，宁夏人民出版社，2003年，第102页；杨宁国：《彭阳历史文物》，宁夏人民教育出版社，2017年，第254页。

图一二三　段园子石窟远景（北—南）①

图一二四　段园子石窟第9窟圆柱形立柱

①　采自杨宁国：《彭阳历史文物》，宁夏人民教育出版社，2017年，第253页。

图一二五　李渠石窟北窟全貌（东—西）

面塑有造像，主室及左、右甬道无造像（或浅龛）。中心柱与两侧甬道整体相连形似"蘑菇状"，这是类似新疆地区克孜尔石窟古龟兹甬道式的中心柱洞窟，这种样式的石窟同样还见于河西走廊的玉门昌马下窖石窟2号窟、张掖马蹄寺石窟群的千佛洞第1窟[①]。这种形制并不是传入内地及中原地区的如云冈石窟第6窟、王母宫石窟、楼底村1号窟及薛李石窟1号窟等中原的中心塔柱式塔庙洞窟。李渠石窟的中心柱前部的窟前壁壁面两侧还有各两身造像，只是由于风化模糊，细部不清楚，具体尊格不好辨识。中心柱前立面有一身造像，内着低领内衣，外着双领下垂式袈裟，腰束巾带打结，结跏趺坐于台座上。综合考虑该石窟的形制特点，我们认为，李渠石窟可能也是北魏早期开窟，后期宋代乃至明代一直相沿使用的。

　　关于这两个石窟，其位处蒲河上游的支流安家川河的南岸，在其东南大约8千米处就是耳朵城。耳朵城，据道光《镇原县志》记载：宋代属柳泉镇领下的城砦。位于镇原县北八十里十八岘（即古柳泉镇，今镇原县三岔镇柳州城村）高崖柳家川（今属宁夏彭阳县耳朵村），蒲水所经，近安家川。又，明代，杨一清督理陕西马政时，在耳朵城设马营，隶属万安苑（位于耳朵城东北约14千米处的蒲河上游康家河源头，今属环县车道乡万安村，有万安城遗址，有学者研究认为是明代陕西苑马寺灵武监属的万安苑所在[②]），今存遗址。我们分析，两处石窟的开凿可能也与自宋代以来耳朵城驻防官兵有关，到明代作为马营使用时期，也是继续作为当地官兵的宗教信仰活动的场所。

---

　　①　甘肃省文物考古研究所：《河西石窟》，文物出版社，1987年，第6、13页；张宝玺：《河西北朝石窟》，上海古籍出版社，2016年，第58—61页。

　　②　沈浩注、赵志强、耿向明：《明代陕西苑马寺万安苑营堡考》，《宁夏师范学院学报》2018年第2期。

蒲河的支流茹河，其两岸也有较多的石窟寺及各类石质或青铜的单体或组合的造像。无量山石窟，位于彭阳县城西北25千米的川口乡田庄村，背靠无量山，面向石峡河（茹河上游无量山段），依山傍水，风景秀丽。石窟开凿于半山腰石崖上，坐南面北，有东、西两窟，相隔约50米，沿河岸东西排列。东窟建于宋天圣十年（1032年），穹窿形窟顶，进深0.8米，有五尊石质佛像，其中四尊保存完好。三尊主佛并排而坐，造像通高2.1米，崖壁铭刻题记2处，左刻"天圣十年"，右刻"张行□□"。西窟凿于景祐二年（1035年），为一佛、二菩萨、十六罗汉、一护法神像，有20尊佛像，一线排列在距地面高0.9、长8.2米的石崖上，造像最高0.8、最低0.38米，其中七身保存较好。在距地面约2.6米处有一题记："景祐二年四月十二日刘绪等公修罗汉人。"民国《固原县志》载："石家峡……形势壮丽，草木蒙茸。山腰古石佛三，罗汉一十有八。水出峡口，淙淙之声，无间冬夏，烟云霭霭，朝夕不散。"[①]

茹河流经的彭阳县新集乡、红河乡还出土过一批佛教造像。1981年，新集乡新集村出土8件北魏佛造像碑，其中石造像7件、铜造像1件[②]。1985年，红河乡河边出土9尊北魏佛造像[③]。1985年白阳镇丰台村出土菩萨造像，明代，像高13.5、座高4厘米。头戴扇形高冠，浓眉长眼，两耳垂肩。胸佩三道串珠下垂，结跏趺坐于束腰莲座上。有鎏金痕[④]。1987年孟塬乡出土铜佛像，明代，像高14.5厘米。高肉髻，面相丰腴，两耳垂肩，结跏趺坐于束腰莲座上。身着右袒袈裟，披带一端搭于左肩上，另一端自裆下而出。左手屈于腹部，五指并拢，掌心向上；右手弯曲于胸前，掌心向外，拇指与无名指相触，作说法状[⑤]。1989年古城镇西沟村出土鎏金佛造像，唐代，通高15厘米。佛面容清秀，两耳垂肩，双手合十，内着僧祇支，外穿交领袈裟，足尖外露，站立于圆覆莲座上，通体鎏金[⑥]。1994年冯庄乡小园子村出土鎏金立佛像，唐代，像高5.5、床高2.1厘米。高肉髻，面丰，镂空火焰纹圆形背光，着双领通肩袈裟，左手平举，右手上举，掌心向上，跣足立于束腰须弥座，下连梯形足床。通体鎏金[⑦]。茹河进入镇原县境，有永乐寺石窟，以往还陆续在路坡村、莲池村、高庄村及县城北山出土过一批铜佛造像[⑧]。其中彭阳县新集村出土的1件铜造像与镇原县博物馆所藏出土于茹河边的城关镇路

①　杨宁国：《彭阳县文物志》，宁夏人民出版社，2003年，第99—101页；杨宁国：《彭阳历史文物》，宁夏人民教育出版社，2017年，第223页。

②　固原县文物站：《固原县新集公社出土一批北魏佛教造像》，《考古与文物》1984年第6期；固原博物馆：《固原历史文物》，科学出版社，2004年，第141、142页；杨宁国：《彭阳历史文物》，宁夏人民教育出版社，2017年，第194—200页。

③　杨明：《宁夏彭阳红河乡出土一批石造像》，《文物》1993年第12期；杨宁国：《彭阳历史文物》，宁夏人民教育出版社，2017年，第194—200页。

④　杨宁国：《彭阳历史文物》，宁夏人民教育出版社，2017年，269页。

⑤　杨宁国：《彭阳历史文物》，宁夏人民教育出版社，2017年，269页。

⑥　杨宁国：《彭阳历史文物》，宁夏人民教育出版社，2017年，205页。

⑦　杨宁国：《彭阳历史文物》，宁夏人民教育出版社，2017年，205页。

⑧　王博文：《甘肃镇原茹河流域石窟与造像》，《陇右文博》2013年第2期。

坡村铜造像①十分相像，相同造型的造像还见于天水市博物馆藏铜佛造像②、佛利尔美术馆藏F1911.137北魏铜坐佛造像③，以及辽宁省博物馆藏铜佛造像④，无论是正面佛像，还是背面的上下几层造像及建筑等细节，几乎是一模一样的，时代大概在北魏太和时期，还有西安市莲湖区市建三公司出土鎏金铜佛造像⑤，也是雷同。这些北魏太和时期的小型青铜造像，都流行"释迦佛+释迦、多宝佛+弥勒"这种组合形式的题材，造像正、背面的组合，即是释迦、弥勒、释迦多宝并坐、千佛的组合，背面上层屋形龛内弥勒菩萨，两侧胁侍菩萨双手合十，中层千佛，下层圆拱龛内释迦、多宝佛并坐的图像，这些代表当时流行的佛教思想的造像艺术组合形式，与这些地方同样流行的石窟寺造像的相似的佛教造型一样，都反映了丝绸之路东段关陇北道"茹河古道"支线上佛教艺术及文化的繁荣，实证了丝绸之路茹河古道的畅通和文化交流的事实。

　　茹河南岸的石空寺石窟，位于镇原县城关镇金龙村，开凿于离地面8米高的峻峭红砂岩崖壁上。始建于宋代，明代中期至清乾隆时期一直沿用。依山体崖面开凿2个大龛和10多个小洞窟，当地俗称"石佛湾"。小洞窟原造像已无，两大龛局部有塌损，造像基本完好。东、西两龛相距3米，中间有甬道通行。东面1、2号大龛为摩崖大龛，其余7个小窟较低，平面均呈长方形，有窟门。第1龛（东龛）平面呈半圆形，高8.5、宽12米，内有石胎彩绘一佛二弟子二菩萨立像。立佛高4.7米，面型丰圆，粗眉，隆鼻，螺髻，通肩大衣，袒胸，下着长裙。菩萨高3.1米，高发髻，面部圆润，目微闭，嘴半开，双手合十于胸前，后代敷泥重修。第2龛（西龛）平面略呈马蹄形，高8、宽12米，内有石胎彩绘五佛及四身胁侍菩萨，皆立像。立佛均高4.7米，袒胸，闭目合嘴，高螺髻，面型丰圆。菩萨高3米，分立于五佛之间，双手捧物，置于胸前。与第1龛以石洞相连，洞长3.5、宽0.87、高1.8米。第2龛东壁嵌清乾隆年间刻《石空寺公地碑记》载："昉于大宋之国，延及隆庆之年。"西龛较多地保留了宋代的雕塑风格，东龛残损严重。两窟龛西侧还有菩萨殿（3号窟）、僧房（4号窟）、送子宫（5号窟）、三教宫（6号窟）、灵官殿（7号窟）、伽蓝殿（8号窟）等，窟内原造像已毁⑥。

　　龙爪寺石窟，位于镇原县屯字镇双合村茹河北岸的红砂岩壁上。有4个窟龛。1号窟为中

① 魏文斌、吴荭：《甘肃镇原县博物馆藏北魏青铜造像及有关问题》，《敦煌研究》2003年第3期；浙江省博物馆：《一带一路佛教文化艺术特展·佛影灵奇：十六国至五代佛教金铜造像》，文物出版社，2018年，第76页，图37。
② 浙江省博物馆：《一带一路佛教文化艺术特展·佛影灵奇：十六国至五代佛教金铜造像》，文物出版社，2018年，第74页，图35。
③ 常青：《金石之躯寓慈悲：美国佛利尔美术馆藏中国佛教雕塑（研究篇）》，文物出版社，2016年，第37页，图7、8。
④ 辽宁省博物馆：《妙相庄严：辽宁省博物馆藏佛教造像精品集》，辽宁人民出版社，2011年，第48页。
⑤ 于春：《长安地区北魏佛教造像的形制特征》图六，《考古与文物》2015年第6期；浙江省博物馆：《一带一路佛教文化艺术特展·佛影灵奇：十六国至五代佛教金铜造像》，文物出版社，2018年，第72页，图34。
⑥ 甘肃省地方史志编纂委员会、《甘肃省志·文物志》编纂委员会：《甘肃省志·文物志》，文物出版社，2018年，第541页。

心柱式窟，窟高2.25、宽5.85、深5.1米，中心柱宽、深均为1.2米，酥碱风化严重，造像壁画无存。2号窟高2、宽1.1米，窟内填满淤土，造像壁画不明，窟外两侧各一天王，北侧天王已被破坏，南侧天王轮廓清楚，高1.46米。3号龛为双沿方龛，距地面2米，高1.18、宽0.93米，内有淤土，造像壁画不明，龛外两侧各一天王，南侧天王已被破坏，北侧天王头部残失，残高1.64米。4号窟高4.5、宽4.12米，有明窗，淤泥埋没，窟内造像及壁画不明。据窟龛形制和题材分析，此窟始建于北魏，隋、唐有续建①。

石佛殿石窟，位于镇原县屯字镇双合村高坡茹河北岸。1个窟，平面方形，平棊式顶，窟高2.32、宽2.3、深2.2米。原石雕释迦，主尊两侧为骑狮文殊和骑象普贤菩萨，"文革"时已毁，现重塑泥像。根据窟龛的形制、题材及清代碑记综合分析，此窟为明代遗存。

寺沟窑庙造像，位于屯字镇双合村张沟茹河北岸寺沟窑洞。有三佛二弟子石雕造像。1号造像为弟子，残高1.33米，无头部，身着双领下垂式外衣，袒胸，下着裙，褶纹跌宕有致，棱角分明，线条流畅，两手残，立于莲花座上。2号造像为佛，残高0.74米，上身残缺，只剩腿部，结跏趺坐于束腰须弥莲花座上，座高0.4米，须弥座上沿长0.78、厚0.095米，高浮雕龙和莲花图案。3号造像为佛，残高1.3米，无头部，着双领下垂式通肩外衣，袒胸，下着裙，结跏趺坐于束腰须弥莲花座上，衣纹疏密有致，棱角分明，线条流畅，裙摆覆盖莲花，座高0.4米，须弥座上沿长0.7米，其上高浮雕缠枝莲花纹，束腰部两侧作对称莲花状。4号造像为佛，残高0.97米，无上半身，着袒右肩外衣，两臂残，结跏趺坐于束腰须弥仰覆莲座上，裙带露于莲瓣上，座高0.4米，座上沿长0.76、厚0.095米，其上两侧浮雕对称缠枝莲纹。5号造像为弟子，残高0.88米，无上半身，衣纹粗狂，立于莲花形方座上，穿圆头鞋，造像整体破坏严重，只留下半身，无法辨认其原貌。造像雕刻精细，衣纹线条流畅，栩栩如生。据造像题材及风格分析，造像为明代遗存。

朱家川石窟，位于镇原县屯字镇双合行政村朱家川自然村茹河北岸的砂岩上，有上中下三层窟龛，上层1窟已塌毁，未编号。中层4窟，下层2窟，自上而下依次编号。1号窟，平面呈长方形，圆拱形顶，窟高3.4、宽3.5、深7米，造像已毁。2号窟，平面呈方形，圆拱形顶，有"凹"字形低坛基，窟高3.8、宽4.8、深5.4米，造像已毁。3号窟，平面呈方形，圆拱形顶，窟高2.2、宽1.76、深1.98米，造像已毁。4号窟，平面呈方形，圆拱形顶，高2.5、宽1.46、深1.5米，造像已毁。5号窟，平面呈长方形，圆拱形顶，窟高3.1、宽2.7、深4.7米，正壁有低坛基，造像已毁。6号窟，平面呈长方形，平棊式顶，窟高2.85、宽3、深5米，有坛基，造像已毁。根据重修三教殿碑记载，石窟宋代始建，明崇祯十五年（1642年）毁于兵劫，虽经几次修葺，却又毁掉，现各个窟龛均恢复重塑佛像。

大咀石窟，位于镇原县屯字镇大咀村茹河河谷南岸的石崖上，有5龛，造像29尊。1号龛，平面呈马蹄形，圆拱形顶，高1.2、宽1.4、深0.9米，内雕造像七尊。2号龛，平面呈马蹄形，圆拱形顶，高1.2、深1.5、宽1.2米，内雕一佛二弟子二菩萨二力士。3号龛，平面呈马蹄形，

---

①　王博文：《甘肃镇原茹河流域石窟与造像》，《陇右文博》2013年第2期。

圆拱形顶，龛高1.1、宽1.2、残深0.8米，内雕一游戏坐像及四尊立式造像。4号龛，平面呈马蹄形，圆拱形顶，龛高0.9、宽0.85、深0.84米，内雕五尊造像。5号龛，平面呈马蹄形，圆拱形顶，龛高0.9、宽0.98、深1.18米，内雕五尊造像。窟龛造像均风化不清，龛下造像已塌毁。据造像题材及风格看，此窟为唐代遗存。

还有洛阳寺石窟，唐、宋，位于镇原县屯字镇建华村东沟自然村西北，有5个洞窟，分布在长21、高7米的红砂岩崖上，均为平面方形或长方形窟。中心窟内有一佛二弟子残像，窟外间隔处有高6米的浮雕坐佛，另一间隔处上浮雕小佛像20余身。

玉山寺石窟，宋、金时期，位于镇原县太平镇上城村白岭自然村南200米，5个洞窟，石造像82尊。1、5号窟仅存残龛，2—4号窟保存较好。2号窟，平面呈长方形，高2.95、宽4.1、深5.8米，主佛像已毁，两壁各有两排5个圆拱形浅龛，上排龛内均半浮雕佛像一尊，下排龛内均雕文仕造像一尊。3号窟，平面呈长方形，高3.6、深6、宽4.5米，两壁均凿有三排圆拱浅龛，上两排每龛有一坐佛，下排有武士像。4号窟，长方形，高2.9、深5.8、宽4.1米，主像已毁，两壁各有两排圆拱浅龛，上排龛内均有半浮雕佛像一尊，下排龛均有造像一尊。

在茹河支流交口河的北部塬面上，出土于新集乡唐原行政村嵝岘自然村的鎏金一佛二菩萨铜造像，唐代，通高24.8厘米。长方形壶门座上莲台引出高台。佛高肉髻，面形丰圆，左臂置于膝上，右臂高举作说法状，镂空火焰纹圆形背光，袒右肩袈裟，结跏趺坐。两侧各一胁侍菩萨，高髻，面形丰圆，上身袒露，下着裙，立于莲台上。佛、菩萨前左侧一力士，威猛而立；右侧一人首鸟身迦陵频伽。造像整体构思精巧，工艺洗练，体现了唐代佛教艺术造型的精湛技艺。此外，还有马渠乡恒元寺、孟坝镇清凉寺及太平镇兴福寺三处寺院遗址，均遗留有一批石造像。恒元寺石造像，出土于镇原县马渠乡赵渠村佛庄的恒元寺遗址，地处茹河支流交口河北岸上，原佛寺已毁，共五身，三坐佛二立弟子石雕造像。1号造像为坐佛，残高0.92米，无头部，着双领下垂式外衣，下着裙，右手置于右腿上，左手平举胸前（残），结跏趺坐，底座已失。2号造像为坐佛，残高0.95米，无头部，着双领下垂式外衣，袒胸，下着裙，双手合十于胸前，结跏趺坐，失底座，衣纹雕刻粗犷。3号造像为佛，残高0.93米，无头部，着袒右肩外衣，袒胸，下着裙，双手施禅定印，结跏趺坐。4号造像为弟子，残高1.1米，无头部，着袒右肩外衣，双手举于胸前。5号造像为弟子，残高1.05米，已残破成几块，组合后为立式弟子。残剩两个佛头，均高0.38、宽0.25米，均不完整，双耳下垂，面部残破不清。根据造像风格及重修恒元寺碑记分析，其为明代遗存。清凉寺石造像，出土于镇原县孟坝镇原口村寨子的清凉寺遗址，地处茹河支流交口河北岸上，原佛寺已毁。佛高0.9米，磨光肉髻，面形圆润，双耳下垂，着通肩袈裟，结跏趺坐于仰覆莲座上，右手做说法状，左手扶膝。左边弟子为迦叶，高0.85米，着双领下垂式外衣，双手拱于胸前，跣足立于方形台座上。右边弟子为阿难，高0.8米，着双领下垂式外衣，双手合十于胸前，跣足立于方形台座上，台座正面雕刻一龙图案，线条简练，形象生动。左边为文殊菩萨，高0.75米，戴一化佛高宝冠，眉间有白毫，面相丰腴，胸前饰璎珞，着双领外衣，下着裙，手拿如意，结跏趺坐于仰覆莲座上。右边为普贤菩萨，高0.7米，戴一化佛高宝冠，眉间有白毫，着双领外衣，下着裙，手拿莲花，姿态自然，结跏趺坐于仰覆莲座上。从造像风格及重修清凉寺碑记分析，此组造像为明代遗存。兴福寺石造像，位于镇原县太平镇兰庙村堡子洼，地处茹河支流交口河北岸堡子洼北麓坡地上的一孔窑洞内，为横三世佛，左为药师佛，高1.5米，座高0.76米，高螺髻，面形清秀，双耳下垂，着双领下垂式外衣，右手拿一药丸，结跏趺坐于束腰仰覆莲台上；佛后有莲花形背光，其上浮雕火焰纹。中间为释迦牟尼，高1.57米，座高0.9米，高螺髻，面形方圆，双耳垂肩，着袒右肩袈裟，双手置于胸前，结跏趺坐于束腰仰覆莲台上；佛后为莲瓣形背光，边缘浮雕一周折枝菊花纹，其上浮雕一护法神，两边为共命鸟、金翅鸟及二龙护法。右为阿弥陀佛，高1.5米，座高0.8米，波浪纹肉髻，面容慈祥，双耳下垂，着双领下垂式外衣，双手施禅定印，结跏趺坐于束腰仰覆莲台上，佛后有莲花形背光。造像整体雕刻精细，后期均在原像上重塑彩绘（头部复制），同时还遗存许多残造像。据造像风格及重修兴福寺碑记分析，原为宋代遗存，后期被毁，明代又重雕造像[1]。

在相邻的庆城县境，蒲河支流大黑河上的万山寺石窟，唐代开凿，位于太白梁乡马塬子村西北2千米。坐东面西，凿于南北走向的黑河东岸石窟洼山红砂岩崖壁上。长34、宽11米，有石窟3处，造像28尊。中窟呈正方形，边长6、高2米，顶部残留飞龙、祥云等浮雕，内壁下部四周有方形石台，上有造像23身，本尊为释迦牟尼，左右为迦叶、阿难，再前为文殊、普贤菩萨。均体态丰满，比例匀称，造型较优美。

位于镇原县太平镇大塬村寺南自然村巴家咀水库西岸的万佛洞石窟，始建于明嘉靖年间，先称叶家寺，后称万佛洞。清同治七年（1868年）惨遭兵毁，民国三年（1914年）乡邑名士姜永秀、张宸枢等倡议重修。嘉靖年间建白衣殿、三官殿、圣母殿、龙王殿。万历初建阿弥陀佛殿、弥勒殿、观音殿。万历四十年（1612年）建万佛洞。石窟及建筑由南向北依次为白骨塔、大山门、戏楼、小山门。进入寺院以后洞窟分上下两层，上层依次为弥勒洞、十八罗汉洞、木构钟楼、药王洞、观音洞、玉皇洞、万佛洞及倒座韦驮殿这五洞二楼殿；下层依次为木构三宵殿、三官洞、千佛洞、地藏菩萨洞、木构白衣观这三洞二殿。各洞殿内均为泥塑像，无石雕像。万佛洞石窟，平面呈方形，窟高5、宽10、深10米。平顶，顶上浮雕一朵大莲花。窟内有四柱，小八角形，正壁（西壁）佛台上泥塑三身坐佛像，中佛像侧木制龛柱上泥塑二龙戏珠。四壁皆分层泥塑模制小佛像，下层形大，上层渐小，号称万佛有余。20世纪50年代修巴家咀水库时，已全部淹没于淤泥中，现作为水下遗址普查登记保护。对于万佛洞石窟的考察研究，早在1993年4月，甘肃省文物考古研究所研究员张宝玺先生便对其进行了实地探访，写成了《〈重修万佛洞碑记〉跋识》一文，并对探访经过进行了追忆，是迄今为止对万佛洞石窟最后的全面记载了。

蒲河西岸的楼底村1号窟，北魏晚期，位于西峰区寺沟窟群北约1千米、楼底村南面。平面为长方形，中心塔柱式平顶窟，高4.9、宽4.7、深6.7米，南、北两壁分上下两层开龛。中心柱上层八面各开一长方形浅龛，下层四面各开一圆楣尖拱龛。窟内造像有一佛二菩萨、供

① 王博文：《甘肃镇原茹河流域石窟与造像》，《陇右文博》2013年第2期。

养菩萨、十佛、交脚弥勒菩萨、供养人等。造像均秀骨清像、褒衣博带，为典型的北魏晚期风格。北石窟寺，北魏—宋，后代维修使用，位于西峰区董志镇寺沟川村西北500米。主要分布于蒲、茹两河交汇处寺沟覆钟山长120、高20米的崖壁上，共285个窟龛。为北魏永平二年（509年）泾州刺史奚康生创建，西魏、北周、隋、唐、宋续有开凿，元、明、清仅作局部维修，并有较多游人题刻。北魏窟龛形制主要为平面长方形覆斗顶或平顶大窟、中心柱窟，造像以七佛、三世佛、一佛二菩萨、千佛、佛传和佛本生故事为主，造像均褒衣博带、秀骨清像，以165窟和楼底村1号窟为代表。西魏窟龛以平面长方形平顶窟为主，造像有三佛、一佛二菩萨、佛本生故事、伎乐等，造像仍以秀骨清像为特点，以135、70窟为代表。北周窟龛以平面长方形或方形圆拱顶、天幕式浅龛为主，造像有三佛、一佛二菩萨、一佛二弟子、供养人等，造像体态健壮厚实古朴，以240、60窟为代表。隋代以平面方形或半圆形平顶、穹窿顶窟龛为主，造像有三佛二弟子二菩萨二力士、一佛二菩萨、一佛二弟子二菩萨、一佛二菩萨二力士等，造像面相丰圆，躯体健美秀丽，向唐代丰满为体的风格发展，以85、151窟为代表。唐代以平面长方形或马蹄形平顶、穹窿顶窟及方形圆拱顶浅龛为主。造像有一佛二弟子二菩萨二力士、一佛二菩萨、一佛二弟子二菩萨等，造像丰满圆润，以32、222窟为代表。宋代窟为平面方形平顶，造像有一佛十六罗汉，其中十六罗汉为北石窟寺新出现的题材。石道坡窟龛，唐代，位于蒲河东岸石道坡崖壁最东侧、寺沟窟群北500米，共6龛。自东向西分两层开凿，为平面方形平顶或圆拱顶龛。第1龛最大，高1.12、宽1.1、深1.25米。造像有一佛二弟子二菩萨、一佛二菩萨两种。花鸨崖窟龛，唐代，位于石道坡南500米花鸨沟口南侧崖壁的东侧，共3个窟龛。形制有平面方形平顶龛和平面马蹄形穹窿顶窟两种。其中第3窟高1.65、宽2.1、深2.25米。造像有一佛二菩萨、一佛二弟子、一佛等。第3窟西壁北侧阴刻"天宝元年……赵和僧一心供养"，窟外北侧阴刻"天宝……"，知该窟建于唐天宝年间。石崖东台窟龛，唐代，位于蒲河东岸花鸨崖南约250米的山崖北侧，共4个窟龛。形制有平面方形圆拱顶、穹窿顶、平顶及平面马蹄形穹窿顶低坛基窟。其中第4窟最大，高1.8、宽2.1、深2.2米。窟龛内造像有一佛二弟子二菩萨、五佛、一佛二菩萨、一佛一菩萨一力士、一佛一弟子一力士。造像均严重风化。小河湾石窟，唐代，位于肖金镇马头坡村西北800米，开凿于小河沟南岸崖壁上，共有4个窟龛。其中1、2号窟为平面方形平顶窟，1号窟稍大，高2、宽2、进深2.5米，窟内造像已毁。3、4号为平顶浅龛。4号龛高0.9、宽0.75、进深0.65米，内石雕一佛二菩萨三身像。居中释迦牟尼佛高肉髻，着半披肩袈裟，作降魔印，结跏趺坐，两菩萨侍立，戴化佛冠，身体扭曲，丰满圆润，为典型的盛唐风格。曹家川石窟，宋代，位于肖金镇曹川村西北500米，石窟凿于蒲河东岸砂岩上，下距河床50米，石窟为浅龛形，高1.1、宽0.6、深0.5米，内有立佛一尊，高0.85米，佛高发髻，着袈裟，半披肩，赤脚，手施禅定印，因风化严重，眉目已不清晰。石嘴石窟，明代，位于肖金镇石嘴村北1千米处，开凿于蒲河东岸长200、宽70米的崖壁上，共有5个窟龛，造像15尊。其中1号龛高1.52、宽1.65米，券顶式，内有一佛二力士。佛像有彩绘背光等图案。刘峰石造像，出土于上肖镇刘峰村一窑庙内，像高1.2米，面容清瘦，双耳垂肩，身穿交领外衣，外披袈裟于左肩部束环。结跏趺坐于束腰须弥座。左手捧钵，右手执锡杖（已失）。为地藏菩萨形象。

另外，还有一处明代的庄子洼窑庙，位于董志镇庄子洼行政村刘家咀自然村。窑庙为坐东面西的崖庄院，为典型的陇东崖庄窑洞，平面呈"凹"字形。崖面高10、南北宽20、东西长25米，总面积5000余平方米。1999年10月，西峰区博物馆对窑庙进行发掘清理，出土石造像和各类石器27件。其中佛、菩萨、罗汉造像19尊，各种石刻8件。据出土石碑记载，窑庙"正德十一年（1516年）孟夏月重修"。出土的佛像神态端庄凝重，面相清秀祥和；罗汉大多为光头比丘像，神态各异，有老有少，形象生动逼真。所有造像衣纹简洁流畅，石雕器物纹饰精美考究。整个窑庙建造位置既避风又向阳，布局严谨，主次分明，完全按照当地民间窑洞风格构筑。

新福寺石造像，位于庆阳市西峰区彭原镇义门村义门自然村义门古城址。2017年6月16日，该城内新福寺遗址窖藏出土明代佛教石造像。笔者前往实地考古调查，发现义门古城址，实地勘查东西约294、南北约248米。城中东西大街两端原有东、西城门，皆为砖券拱门，城墙周匝皆黄土夯砌包边，惜20世纪50年代破"四旧"人为拆毁平整为地。城内原有中寺，为新福寺，遗址尚存，近有村民自发恢复寺院，在修建大殿时从地基中挖出一批佛造像，共计石雕造像10身，除1身较小仅20余厘米高之外，其余皆若真人大小，出土造像头7件，佛头大者高40余厘米，皆为明代风格造像。据村民讲，这些造像是1958年破"四旧"时集中义门城外的西寺、东寺破旧造像，三庙归一，集中于中寺（新福寺）掩埋的造像窖藏。与该村义门城历史记载基本吻合。据明傅学礼等纂修的《庆阳府志》载"义门城，明设驿丞于此，统刘家庄、李家庄。洪武年间设济民的粮仓于城内""义门仓在（安化县）城西一百二十里"。李家庄即今义门城所在，义门仓就设在义门城内[①]。张精义纂修的《庆阳县志》载"义门城，距县城西南一百零五里，明时为义门镇市面亦甚繁华，自崇祯末年，李自成攻陷后，不复振，相传昔日置驿丞官，无考""新福寺在义门里，明嘉靖时建"[②]。笔者走访调查中了解到，义门村村长提供本村李兴超抄录李氏家族史略，记载有关义门城及新福寺的历史，可知义门城建于明初，毁于崇祯末。新福寺大概在嘉靖时期建成，毁于明末崇祯时的李自成兵祸。义门城址在董志塬北部，在其东北约6.4千米就是据守董志塬北门的驿马关，义门城则是处于驿马关偏西南据守董志塬边、通往古原州（今镇原县）的古道上。明设驿丞于义门城。可见，义门城址自古以来就是交通要道上的重要节点。

以上所述的这些石窟寺及单体金石造像，都是分布在蒲河及其支流茹河、交口河、黑河等水系辐射区域的佛教文化及艺术精品所在，反映出蒲河流域作为一个独立的地理单元或者文化圈，以佛教文化的传播和交流为重要因素的文化路线所在。

在此，对以上所述蒲河流域的石窟寺、寺院遗址、窑庙遗址及造像出土点做个简单的统计和分析（表三），并试做简单的特点归纳如下。

---

① （明）傅学礼等纂修：《庆阳府志》卷四"义门仓"，嘉靖三十六年（1557年）序刊，隆庆年间补刻。

② 张精义纂修，刘文戈审校：《庆阳县志》卷二"舆地志"下，"义门城"，甘肃文化出版社，2004年。

表三　蒲河流域的石窟寺、寺院遗址、窑庙遗址及造像出土点统计表

名称	类型	时代	地理位置	备注
玉山寺石窟	石窟寺	宋、金	镇原县太平镇上城村白岭自然村	
洛阳寺石窟	石窟寺	唐、宋	镇原县屯字镇建华村东沟自然村	
大咀石窟	石窟寺	唐	镇原县屯字镇大咀村	
朱家川石窟	石窟寺	宋、明	镇原县屯字镇双合村朱家川自然村	
石佛殿石窟	石窟寺	明	镇原县屯字镇双合村高坡自然村	
龙爪寺石窟	石窟寺	北魏、唐	镇原县屯字镇双合村高坡自然村	已毁不存
寺沟窑庙造像	窑庙（造像出土点）	明	镇原县屯字镇双合村张沟自然村	镇原县博物馆藏
石空寺石窟	石窟寺	宋、明、清	镇原县城关镇金龙村石佛湾	
永乐寺石窟	石窟寺	明（？）	镇原县城关镇路坡村	
北山铜造像	造像出土点	金、明	镇原县城关镇县城北山	镇原县博物馆藏
莲池村铜造像	造像出土点	唐	镇原县城关镇莲池村	镇原县博物馆藏
路坡村铜造像	造像出土点	北魏	镇原县城关镇路坡村	镇原县博物馆藏
高庄村铜造像	造像出土点	唐	镇原县城关镇高庄村	镇原县博物馆藏
兴福寺石造像	寺院址	明	镇原县太平镇兰庙村堡子洼自然村	
清凉寺石造像	寺院址	明	镇原县孟坝镇原口村寨子自然村	
恒元寺石造像	寺院址	明	镇原县马渠镇赵渠村佛庄自然村	
刘峰石造像	造像出土点	金	镇原县上肖镇刘峰村	镇原县博物馆藏
孟塬乡铜造像	造像出土点	明	彭阳县孟塬乡白杨庄村	彭阳县博物馆藏
红河村石造像	造像出土点	北魏	彭阳县红河乡红河村	固原博物馆藏
新集村石造像	造像出土点	北魏	彭阳县新集乡新集村	固原博物馆藏
西沟村铜造像	造像出土点	唐	彭阳县古城镇西沟村	彭阳县博物馆藏
丰台村铜造像	造像出土点	明	彭阳县白阳镇丰台村	彭阳县博物馆藏
曹家川石窟	石窟寺	宋	西峰区肖金镇杨咀村曹家川自然村	
小河湾石窟	石窟寺	唐	西峰区董志镇庄头村小河湾自然村	
石崖东台石窟	石窟寺	唐	西峰区董志镇寺沟川南1000米处	
花鸨崖石窟	石窟寺	唐	西峰区董志镇寺沟川南600米处	
石道坡石窟	石窟寺	唐	西峰区董志镇寺沟川东南200米处	
北石窟寺	石窟寺	北魏—宋	西峰区董志镇寺沟覆钟山下	
楼底村1号窟	石窟寺	北魏	西峰区寺沟窟群北约1千米、楼底村南	
万佛洞石窟	石窟寺	明	镇原县太平镇大塬村寺崖自然村	水库已淹没
万山寺石窟	石窟寺	唐	庆城县驿马镇马园子村杨东坡子自然村	
庄子洼窑庙造像	窑庙（造像出土点）	明	西峰区董志镇庄子洼村刘家咀自然村	
崾岘村铜造像	造像出土点	唐	镇原县新集镇唐原村崾岘自然村	镇原县博物馆藏
新福寺石造像	寺院址	明	西峰区彭原镇义门村义门自然村义门城内	新发现
薛李石窟	石窟寺	北魏	镇原县新集镇王寨村薛李庄自然村	新发现
田园子石窟（铜石造像）	石窟寺（造像出土点）	北魏、隋	镇原县方山乡蒲河村田园子自然村	新发现，镇原县博物馆藏

续表

名称	类型	时代	地理位置	备注
申家山石窟	石窟寺	北魏	镇原县方山乡蒲河村申家山	新发现
柳州城石窟	石窟寺	北魏、宋	镇原县三岔镇石咀村柳州城自然村	新发现
小园子村铜造像	造像出土点	唐	彭阳县冯庄乡小园子村	彭阳县博物馆藏
常湾摩崖造像	摩崖	北魏	彭阳县小岔乡吊岔村常家湾自然村	
李渠石窟	石窟寺	北魏、明	彭阳县小岔乡李渠村李渠自然村	
段园子石窟	石窟寺	北魏、明	彭阳县罗洼乡张湾村段园子自然村	

从上表所列来统计，共计42处，其中按类型分：石窟寺23处、寺院遗址4处、窑庙遗址2处、摩崖石刻1处，佛造像出土地点12处。按时代分：北魏13处，唐代14处，宋7处，明代16处（有些地点涉及多个时代）。简要归纳概括，这些石窟寺、造像及窑庙或者寺院遗址的特点如下。

一，石窟寺，多在河流下切的岸边崖壁上，茹河或蒲河的两岸不间断地分布，也是历史上古道的重要节点。早期人们活动中大范围移动多沿河流沟谷延伸，形成古道交通线路，宗教信仰及其艺术也是沿着古道传播和交流的。这可以从佛教石窟艺术造型的变化中看到演变的脉络。

二，寺院遗址，多在不易开凿石窟的黄土塬面上、人口相对稠密的古村落中，历史比较悠久，相沿至今，有一定规模的古建筑院落。在寺院遗址出土有石质佛造像（坐佛、菩萨、罗汉等），或为历史上寺院大殿供奉的佛像。

三，窑庙遗址，有明清时期佛教与道教题材的雕塑及壁画，是陇东地区本土化的窑洞建筑和宗教题材的雕塑、壁画的珠联璧合。西峰区的庄子洼窑庙最为典型，在陇东崖庄窑洞内安置石雕佛、菩萨、罗汉等艺术造型，是造像艺术和窑洞建筑的完美结合。环县有小南沟乡李上山村的何家寺窑庙、张中沟窑庙等，庆城县也有类似的窑庙。

四，从统计结果看，开凿石窟寺的历史传统久远，从北魏一直到唐、宋，是主要的宗教活动场所。在塬面上村落中构建寺院建筑比较少（可能保存的遗址较少），多为明代；窑庙这种典型的陇东特色建筑与宗教内容的结合比较晚，多在明清时期。

蒲河流域沿岸开凿了大量的佛教石窟寺，如北石窟寺、楼底村1号窟、石道坡窟龛、花鸨崖窟龛、石崖东台窟龛、小河湾石窟、曹家川石窟、石嘴石窟等。蒲河支流茹河上的石空寺石窟、洛阳寺石窟、玉山寺石窟，还有在蒲河支流大黑河的万山寺石窟、万佛洞石窟等，以往学界做过一些调查工作，也有一些研究成果。甘肃省文物考古研究所编写了《陇东石窟》《庆阳北石窟》等，对这些石窟寺都有不同程度的介绍和研究。北石窟寺文物保护研究所编写的《庆阳北石窟寺内容总录》是迄今最全面记录北石窟寺的专业报告。甘肃省第三次全国文物普查中对这些石窟寺都做过调查登记。但是以往的研究都没有对整个蒲河流域的石窟寺分布和相互关系做过系统的调查和研究。2017年，镇原县方山乡田园子自然村村民修路施工偶然出土的石窟寺及青铜造像，经过我们的考古发掘清理和科学的数字化记录，还有对所在的蒲河流域石窟寺的系统专题考古调查，不仅通过新发现的石窟寺补充完善了蒲河流域石窟考古的空白，而且对以往研究中未曾关注的以北石窟寺为代表的蒲河流域中、小石窟的艺术传播源流和风格体系演变做了有益探索。

　　新发现的田园子石窟，与早已是全国重点文物保护单位的北石窟寺，以及万佛洞石窟（明清，已被水库淹没），还有本次调查新发现的柳州城石窟、申家山石窟及薛李石窟均分布于蒲河流域中游地段。以往调查的蒲河上游安家川西的常湾摩崖造像，以及段园子石窟、李渠石窟，我们也做了专项调查，可以确定其形制和造像特点也是5世纪中期北魏时代的遗存。另外还有北石窟寺以南的蒲河下游东岸的小河湾石窟、曹家川石窟等小石窟，蒲河支流大黑河上的万山寺石窟等。如此众多的石窟寺及造像的分布，反映了蒲河流域是古丝绸之路上佛教文化传播的重要通道之一，历史上北魏到隋唐、宋元以来佛教文化的交流和传播非常兴盛。

　　茹河源于宁夏六盘山东麓，东南流经今镇原县汇入泾河支流蒲河，茹河流经汉朝那县（今宁夏彭阳县古城镇古城，宋置东山寨）和古彭阳县（今镇原县太平镇彭阳村茹河北，汉彭阳县城），故名彭阳川，又名朝那川。沿古彭阳川横贯东西的古代交通要道——原州—彭阳道，也可叫"萧关—茹河道"。《史记·匈奴列传》载汉文帝十四年，"匈奴单于十四万骑入朝那萧关，杀北地都尉卬，虏人民畜产甚多，遂至彭阳。使奇兵入烧回中宫，候骑至雍、甘泉"[①]，这是最早记载古彭阳川道路的历史文献。这里载匈奴单于进犯长安兵分两路：一路就是入朝那萧关、东进彭阳，继续往东南，经今宁县进入今陕西旬邑境，走的一条沿茹河东进再南下的道路。西汉末，班彪为躲避关中战乱，自长安出发往投姑臧（今甘肃武威市凉州区），途中所作《北征赋》："朝发轫于长都兮，夕宿瓠谷之玄宫，历云门而反顾，望通天之崇崇，乘陵岗以登降，息郇邠之邑乡。慕公刘之遗德，及行苇之不伤……登赤须之长坂（阪），入义渠之旧城……直〔指〕安定以为期……过泥阳而太息兮，北（悲）祖庙之不修，释余马之彭阳兮……越安定以容与兮，遵长城之漫漫。"[②]其记述的行程由长安北上，经谷口（今陕西礼泉西北）、云阳（今陕西淳化）、旬邑（今陕西旬邑北）、泥阳（今甘肃宁县一带）、义渠（今甘肃庆阳西南宁县）、彭阳（今甘肃镇原太平镇彭阳村）等地后，至安定郡治高平（今宁夏固原），而后再前往姑臧。班彪《北征赋》所记也是这条"萧关—茹河道"。茹河古道是历史上关中北出塞外的通道，是丝绸之路东段北道上的重要支线。自秦汉至宋明，是中原王朝连接西北边疆的重要交通线路。同时，近年来大量的考古材料也充分说明了这条路线早期中西文化交流已存在，是中西文化最初接触的地区。

　　在与蒲河交汇于北石窟寺门前的茹河流域，以往考古调查已经发现并保存有大量开凿于北魏至唐、宋、金时期的小石窟，从北石窟寺溯茹河而上，依次有玉山寺石窟、洛阳寺石窟、大咀石窟、朱家川石窟、龙爪寺石窟、石空寺石窟及永乐寺石窟等。再往西北到宁夏境的彭阳县境，川口乡有无量山石窟。新集乡出土8件北魏佛造像，红河乡河边出土9尊北魏佛造像。这些都反映了丝绸之路东段关陇北道"茹河古道"支线佛教文化的繁荣，也实证丝绸之路茹河古道的畅通和文化交流（图一二六）。

---

① 〔汉〕司马迁：《史记》卷110《匈奴列传》第五十，第8册，中华书局，1959年，第2901页。

② 〔清〕严可均辑校：《全上古三代秦汉三国六朝文·全后汉文》卷二十三，中华书局，2012年，第597页。

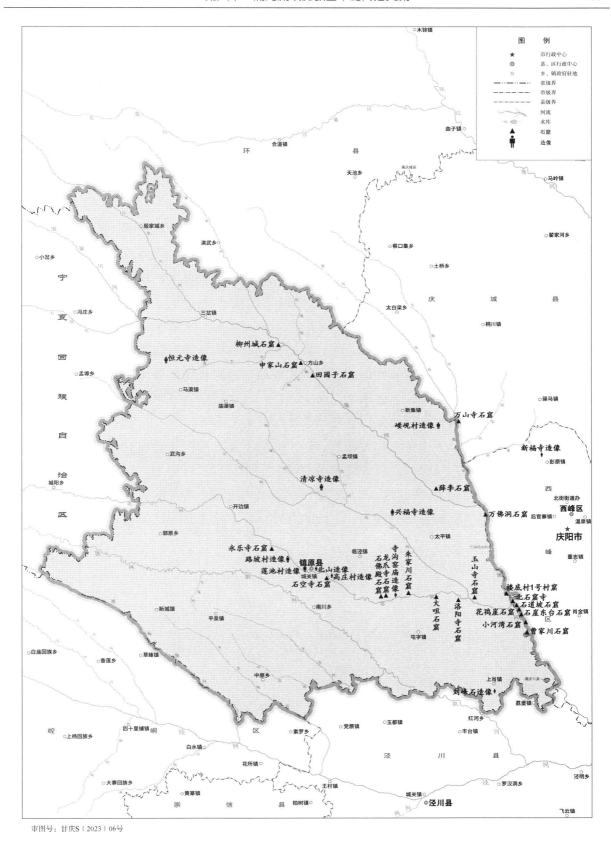

审图号：甘庆S（2023）06号

图一二六　蒲河流域石窟及造像分布示意图

蒲河流域遗存的石窟寺时代比较早，从北魏到唐代，乃至后期明清也有重修，最新发现的田园子石窟、柳州城石窟、申家山石窟及薛李石窟，处在蒲河的中上游，是最新发现的时代比较早的石窟寺，而茹河两岸的石窟寺多为宋金时期的石窟，分布较集中，风格独特，气势宏伟，且艺术价值也高，在甘肃石窟造像中比较少见，反映出宋金时期佛教活动曾在陇东镇原兴盛一时，明清时期，佛教已进入衰弱期，但在镇原茹河流域却有不少石刻造像，特别是佛教、道教及地方信仰造型艺术与陇东传统民居窑洞建筑相结合的窑庙的兴建，成为庆阳独特的宗教建筑艺术表现形式。同时可以看出，茹河流域的石窟造像与北石窟寺造像之间存在着一定的互动关系，从某种意义来说，是其造像艺术的延续和发展。

汉唐时期以来，丝绸之路绿洲干道东段的关陇道，从长安起始，经咸阳、礼泉、乾县到彬县、长武至泾川县西北行，经平凉西入弹筝峡经瓦亭关、萧关，北至固原，沿蔚茹水（今清水河）北经须弥山石窟、干盐池至靖远，渡黄河至凉州的"关陇中道"；或从彬县北渡泾水，经宁县政平村（唐定平县）北行宁县，经庆城西北行，经环县到灵武，渡黄河西行到武威的"关陇北道"。在这条丝路古道上，宁县、泾川县分别是关陇北道、关陇中道的重要途经地域，镇原县就处在宁县、泾川县之间，县境内蒲河、茹河流域的古道作为丝路东段关陇北道的支线，承载着佛教文化传播的便捷通道的作用。唐安史之乱后，丝路东段干道逐渐北移，灵州成为交通要冲，也是唐宋以来西北民族地区茶马互市中心之一。再之后到北宋时期沿袭唐末五代的关陇北道，也即灵州道，成为与西域交往的主要茶马古道文化线路[①]。

从长安出发，西北行经彬县，北渡泾河，过宁县、下董志塬到北石窟寺，溯茹河、蒲河而上出萧关均可到固原，这是丝绸之路关陇北道的两个主要支线，可称为"茹河古道"和"蒲河古道"。茹河道和蒲河道作为支线古道，主要在镇原境内遗留下诸多的历史文化遗存。位于蒲河上游的田园子石窟及最新发现的其上、下游的几处石窟，就是处在丝绸之路东段关陇北道的支线上。

---

① 郑国穆：《甘肃陇东地区茶马古道文化遗产考察研究——甘肃茶马古道文化线路遗产考察之三》，《天水师范学院学报》2015年第6期。

后　记

我的老家在镇原县，生于斯，长于斯。考上大学走出农村，到东北黑土地学习四年，逐步迈向社会，毕业后又多年在兰州工作，因公出差到镇原做野外考古调查和发掘工作的机会不多，所以对家乡的人文地理、历史考古的掌握和了解谈不上很熟惬，因为个人专业研究兴趣及课题方向的部分原因，多年来对古道交通、茶马古道及佛教石窟考古及摩崖碑刻等的关注较多。虽然我多年来对陇东地区乃至镇原县的历史文化是一知半解，但一直以来对家乡的文物考古工作也寄予厚望，总希望会有大的新发现，且希望自己有机会能参与其中，做出些力所能及的工作，也不负自己多年来对文物考古工作的不懈追求和辛苦努力。

机缘巧合，2017年3月中旬上午在单位办公，时任甘肃省文物考古研究所副所长陈国科紧急电话通知我，立刻准备到镇原县出差，配合抢救性发掘施工中出土的石窟及佛教造像，初步估计可能是一个考古新发现，我一听既惊讶又兴奋，老家镇原县终于要打破多年的沉寂和落寞了，而且佛教石窟考古也是我多年来感兴趣的方向，又是自己老家的新发现，所以在高兴之余也非常感谢所领导的特别关爱和特殊照顾，于是就非常干脆地答应下来，并赶紧准备考古工地的工具和用品，同时也和镇原县博物馆的王博文馆长电话沟通具体情况。

在省文物局文物处领导的直接过问下，我们一行即刻赶往镇原县，在县文旅局李兆咸局长、主管文物的刘淑兰副局长的大力支持下，也有镇原县博物馆的协力配合，还有镇原县方山乡政府及派出所的鼎力协助，当地的方山乡蒲河行政村田园子自然村委会的热心帮助，组织村里的村民们义务出工出力，帮我们清理土方，我作为发掘项目的负责人，指挥着老家的村民们密切配合我们的工作步骤和程序，在发掘清理的过程中遵循考古工作的程序和原则，科学判断地表遗迹现象变化情况，系统地发掘清理暴露出来的洞窟遗迹，在施工中业已暴露出土两个遭受破坏迹象洞窟的基础上，在周边重新仔细调查判断遗迹现象，再次发掘清理出土两个洞窟的造像，取得了圆满结果，最后呈现给大家的是一个完整的北魏时期开凿、延续到隋代的共有4个洞窟的佛教石窟寺的规模。

时间过得很快，从2017年短暂的田园子石窟发掘清理和蒲河流域石窟寺考古专题调查之后的第五个年头，2021年，在深入贯彻习近平总书记关于石窟寺保护利用工作的重要指示精神、落实国务院办公厅《关于加强石窟寺保护利用工作的指导意见》，深化石窟寺考古研究和价值挖掘，国家文物局组织制定了《中国石窟寺考古中长期计划（2021—2035年）》，并纳入"考古中国"重大项目的时代大背景下，在国家文物局客观认识到"石窟寺考古的基础工作亟待加强，石窟寺区域系统调查、洞窟测绘、题刻和壁画等重要遗迹信息记录、窟前遗址和相关寺院遗址考古发掘等仍然不足，中小石窟工作力度不够，考古新发现的洞窟、摩崖龛像和题刻等后续保护薄弱"的前提下，我们于2017年亲手发掘、调查整理的田园子石窟、薛李石窟等最新的石窟考古资料，得到2022年国家文物保护专项资金的资助，并纳入出版计划，这要感谢党和国家的文物保护工作的好政策，也要感谢国家文物局的大力资助。

本书由田园子石窟抢救性发掘项目负责人郑国穆独立编著，全书文字约46万字，正文中插图126张，图版213张。本书涉及的所有洞窟及出土造像的线图绘制均由陕西十月文物保护有限公司完成。发掘现场及调查工作中的资料照片均由郑国穆完成。发掘成果数字化前期工作得到泾河流域佛教石窟调查项目经费支持。石窟三维模型及影像的数字化工作由陕西十月文物保护有限公司承担。所有的资料及成果最后全部由郑国穆完成校改、审核及质量把关。对于他们的积极配合工作和不懈付出表示感谢。

本人作为国家社科基金一般项目"甘肃泾河流域新发现佛教遗存的考古学研究"的第一参与者，本书也是该课题成果之一。在对蒲河流域上游宁夏彭阳县、甘肃镇原县毗邻地区遗存的野外考察中也得到课题负责人吴荭老师的支持，在此表示感谢。

镇原县博物馆，作为我们工作中的同行，为前期考古现场工作、后期资料整理、数字化成果制作及出土铜佛造像的三维数字化、造像发愿文的拓片制作、部分小石窟的野外调查记录等都给予了大力支持，深表感谢。尤其是王博文馆长，始终如一对我们的工作给予大力支持，在此特别表示感谢。

田园子石窟的抢救性发掘工作得到甘肃省文物局、镇原县文体广电和旅游局及镇原县博物馆的支持与配合，在此对各位领导的支持深表感谢。

在田园子石窟的抢救性发掘和对蒲河流域石窟寺专题调查及发掘调查成果数字化工作，还有本书的编辑出版工作中，甘肃省文物考古研究所陈国科所长自始至终都给予关心和支持，时刻提醒我抓住机会、抓紧时间，尽快整理考古成果并及时公布，多作宣传，服务于家乡地方社会发展，在此我要专门表示感谢。单位同事李全武同志绘制正文中部分地图，也表示感谢。

最后，也要对科学出版社的领导和编辑们表示感谢，贵社对本书的编辑、出版工作自始至终都给予了极大的热情和专业周到的支持，才使得本书能高质量地出版发行。

本书的出版是一件高兴的事情，对宣传推介家乡的石窟文化遗产大有裨益。由于笔者水平有限，相信可能有许多错误或不够完善之处，希望专家学者不吝批评指正。

郑国穆

2022年12月19日

图版一 田同子石窟远景影像图

图版二　田园子石窟近景图

图版三　田园子石窟外景图

图版四 田园子石窟整体三维影像图

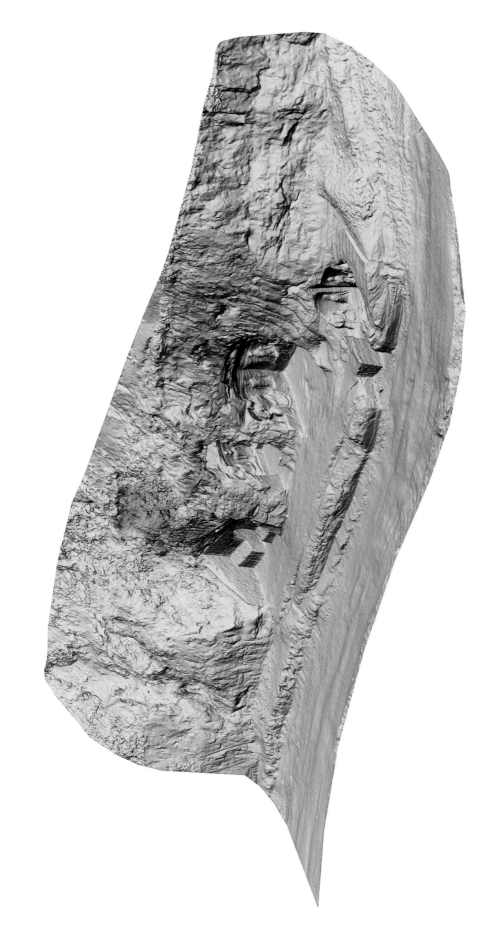

图版五　田园子石窟整体三维模型图

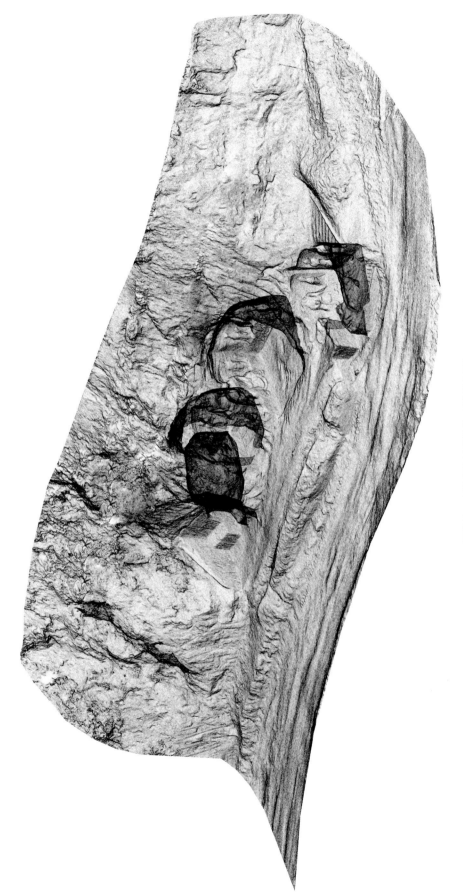

图版六　田间子石窟整体三维线框图

图版七　田园子石窟整体连续立面影像图

图版八　田阿子石窟整体连续平面影像图

图版九　田园子石窟整体3D影像图
（请戴3D眼镜观看效果）

图版一〇　田园子石窟1号窟三维影像图

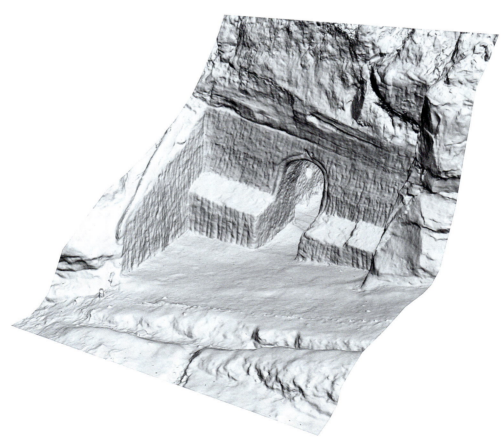

图版一一　田园子石窟1号窟三维模型图

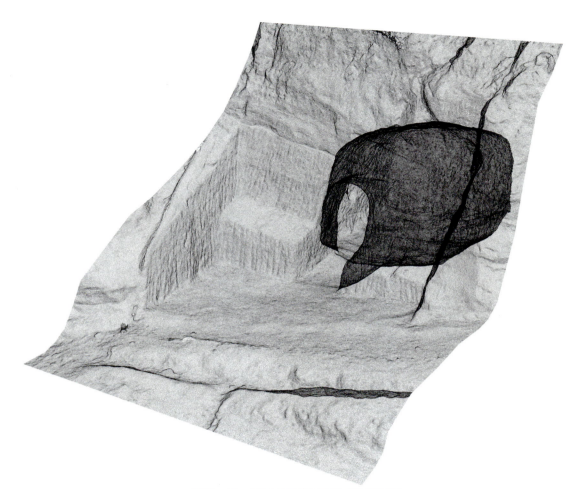

图版一二　田园子石窟1号窟三维线框图

图版一三　田园子石窟1号窟窟外立面影像图

图版一四　田园子石窟1号窟窟底俯视剖视影像图

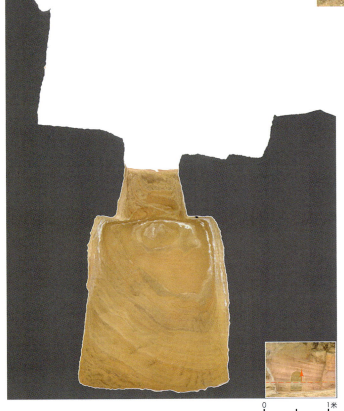

图版一五　田园子石窟1号窟窟顶仰视剖视影像图

北

0 1米

图版一六　田园子石窟1号窟平面影像图

图版一七　田园子石窟1号窟3D影像图
（请戴3D眼镜观看效果）

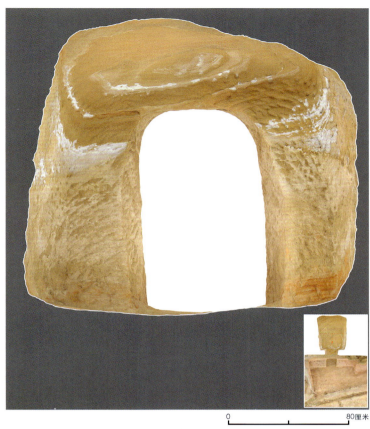

0   80厘米

图版一八　田园子石窟1号窟东壁剖视影像图

0   80厘米

图版一九　田园子石窟1号窟西壁剖视影像图

图版二〇 田园子石窟1号窟南壁剖视影像图

图版二一 田园子石窟1号窟北壁剖视影像图

图版二二　田园子石窟2号窟三维影像图

图版二三　田园子石窟2号窟三维模型图

图版二四　田园子石窟2号窟三维线框图

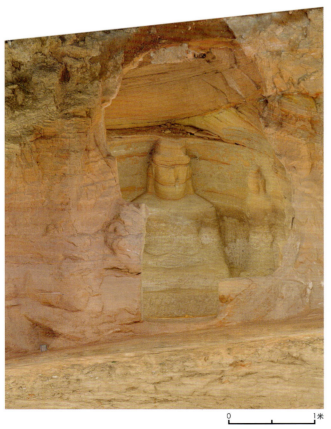

图版二五　田园子石窟2号窟外立面影像图

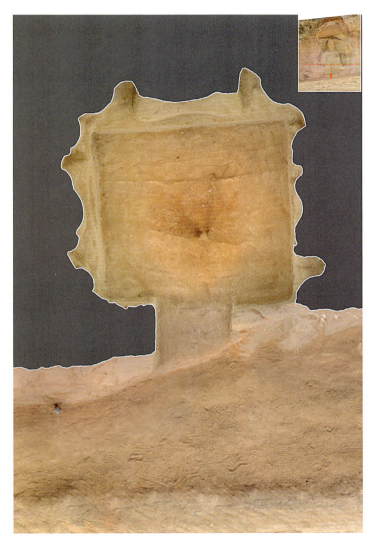

0   1米

图版二六　田园子石窟2号窟窟底俯视剖视影像图

0   60厘米

图版二七　田园子石窟2号窟窟顶仰视剖视影像图

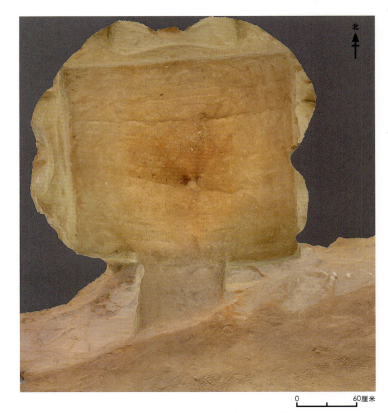

图版二八　田园子石窟2号窟平面影像图

图版二九　田园子石窟2号窟3D影像图
（请戴3D眼镜观看效果）

0   60厘米

图版三〇　田园子石窟2号窟西壁立面影像图

0   1米

图版三一　田园子石窟2号窟北壁立面影像图

图版三二　田园子石窟2号窟南壁立面影像图

图版三三　田园子石窟2号窟东壁立面影像图

图版三四　田园子石窟3号窟三维影像图

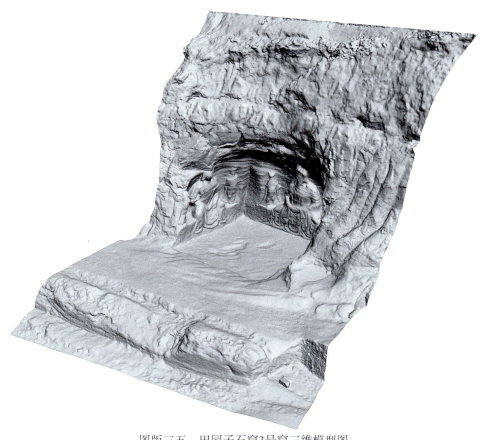

图版三五　田园子石窟3号窟三维模型图

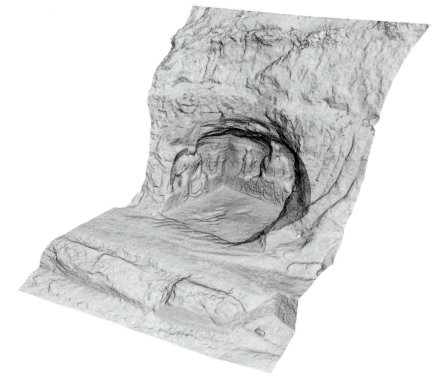

图版三六　田园子石窟3号窟三维线框图

图版三七　田园子石窟3号窟外立面影像图

图版三八　田园子石窟3号窟窟底俯视剖视影像图

图版三九　田园子石窟3号窟窟顶仰视剖视影像图

图版四〇 田园子石窟3号窟平面影像图

图版四一 田园子石窟3号窟3D影像图
（请戴3D眼镜观看效果）

0　　　　　　　1米

图版四二　田园子石窟3号窟西壁立面影像图

0　　　　　　　1米

图版四三　田园子石窟3号窟北壁立面影像图

0　　　　　　　　1米

图版四四　田园子石窟3号窟南壁立面影像图

图版四五　田园子石窟4号窟三维影像图

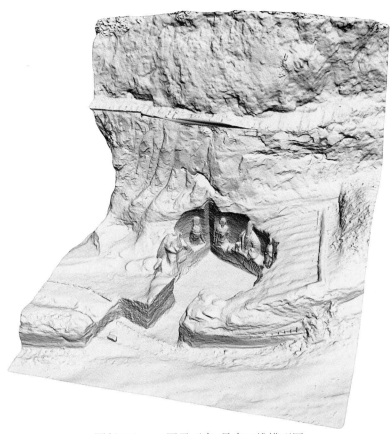

图版四六　田园子石窟4号窟三维模型图

图版四七　田园子石窟4号窟三维线框图

图版四八　田园子石窟4号窟外立面影像图

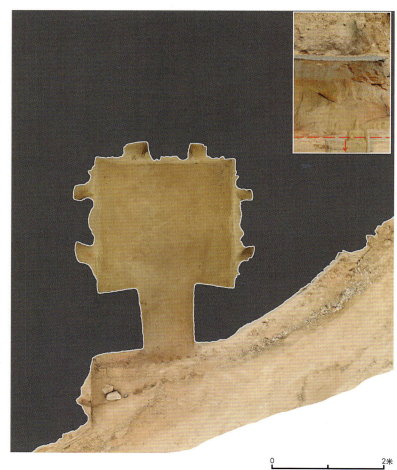

图版四九　田园子石窟4号窟窟底俯视剖视影像图

图版五〇　田园子石窟4号窟窟顶仰视剖视影像图

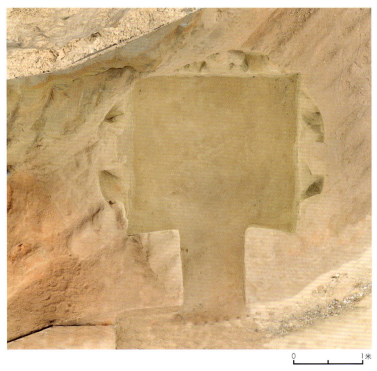

图版五一　田园子石窟4号窟平面正射影像图

图版五二　田园子石窟4号窟3D影像图
（请戴3D眼镜观看效果）

0   1米

图版五三　田园子石窟4号窟西壁立面影像图

图版五四　田园子石窟4号窟北壁立面影像图

图版五五　田园子石窟4号窟南壁立面影像图

图版五六　田园子石窟4号窟东壁立面影像图

图版五七　佛画像石三维影像图（馆藏号4154）

图版五八　佛画像石三维模型图（馆藏号4154）

图版五九　佛画像石正面正射影像图（馆藏号4154）

图版六〇　佛画像石背面正射影像图（馆藏号4154）

0 2厘米

图版六一 佛画像石左侧正射视影像图（馆藏号4154）

0 4厘米

图版六二 佛画像石右前视影像图（馆藏号4154）

图版六三 佛画像石3D影像图（馆藏号4154）

（请戴3D眼镜观看效果）

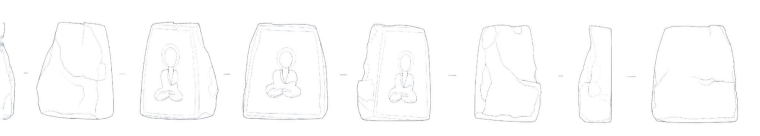

0 4厘米

图版六四 北魏佛画像各面连续线描图（馆藏号4154）

图版六五　石造像塔三维影像图（馆藏号4155）

图版六六　石造像塔三维模型图（馆藏号4155）

0 ⊢ 1厘米

图版六七　石造像塔正面正射影像图（馆藏号4155）

0 ⊢ 1厘米

图版六八　石造像塔左侧视正射影像图（馆藏号4155）

0 ⊢ 1厘米

图版六九　石造像塔右侧视正射影像图（馆藏号4155）

0 ⊢ 2厘米

图版七〇　石造像塔背面正射影像图（馆藏号4155）

0 2厘米

图版七一　石造像塔45°侧视影像图1（馆藏号4155）

0 2厘米

图版七二　石造像塔45°侧视影像图2（馆藏号4155）

0 2厘米

图版七三　石造像塔45°侧视影像图3（馆藏号4155）

0 2厘米

图版七四　石造像塔45°侧视影像图4（馆藏号4155）

0 1厘米

图版七五　北魏四面石造像塔各面连续线描图（馆藏号4155）

图版七六　石造像塔3D影像图1（馆藏号4155）
（请戴3D眼镜观看效果）

图版七七　石造像塔3D影像图2（馆藏号4155）
（请戴3D眼镜观看效果）

图版七八　石佛造像三维影像图（馆藏号4156）

图版七九　石佛造像三维模型图（馆藏号4156）

图版八〇　石佛造像正面正射影像图（馆藏号4156）

图版八一　石佛造像左侧面正射影像图（馆藏号4156）

0 1厘米

图版八二　石佛造像右侧视正射影像图（馆藏号4156）

0 1厘米

图版八三　石佛造像背面正射影像图（馆藏号4156）

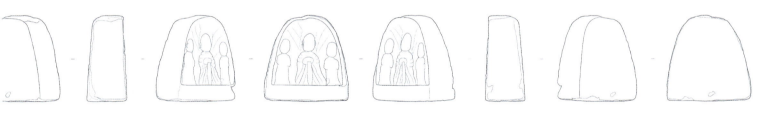

0 2厘米

图版八四　北魏石造像碑各面连续线描图（馆藏号4156）

图版八五　石佛造像3D影像图（馆藏号4156）
（请戴3D眼镜观看效果）

图版八六　铜佛坐像三维影像图（馆藏号4163）

图版八七　铜佛坐像三维模型图（馆藏号4163）

图版八八　铜佛坐像正面正射影像图（馆藏号4163）

图版八九　铜佛坐像左侧面正射影像图（馆藏号4163）

图版九〇　铜佛坐像右前视正射影像图（馆藏号4163）

图版九一　铜佛坐像背面正射影像图（馆藏号4163）

图版九二　铜佛坐像右剖面影像图（馆藏号4163）

图版九三　北魏坐佛铜像各面连续线描图（馆藏号4163）

图版九四　铜佛坐像3D影像图（馆藏号4163）
（请戴3D眼镜观看效果）

图版九五　熙平二年铜释迦多宝佛造像
三维影像图（馆藏号4159）

图版九六　熙平二年铜释迦多宝佛造像
三维模型图（馆藏号4159）

图版九七　熙平二年铜释迦多宝佛造像
正面正射影像图（馆藏号4159）

图版九八　熙平二年铜释迦多宝佛造像
左侧视正射影像图（馆藏号4159）

图版九九　熙平二年铜释迦多宝佛造像
右侧视正射影像图（馆藏号4159）

图版一〇〇　熙平二年铜释迦多宝佛造像
左前视正射影像图（馆藏号4159）

0 2厘米

图版一〇一　熙平二年铜释迦多宝佛造像
右前视正射影像图（馆藏号4159）

0 2厘米

图版一〇二　熙平二年铜释迦多宝佛造像
左后视正射影像图（馆藏号4159）

0 2厘米

图版一〇三　熙平二年铜释迦多宝佛造像
右后视正射影像图（馆藏号4159）

0 2厘米

图版一〇四　熙平二年铜释迦多宝佛造像
背面正射影像图（馆藏号4159）

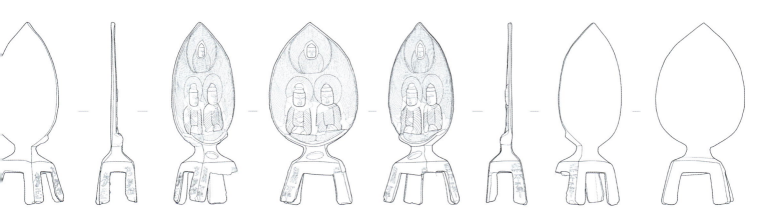

0 2厘米

图版一〇五　北魏熙平二年释迦多宝佛铜像各面连续线描图（馆藏号4159）

图版一○六　熙平二年铜释迦多宝佛造像3D影像图
（馆藏号4159）（请戴3D眼镜观看效果）

图版一○七　铜菩萨立像三维影像图（馆藏号4160）

图版一○八　铜菩萨立像三维模型图（馆藏号4160）

图版一○九　铜菩萨立像正面正射影像图（馆藏号4160）

图版一一○　铜菩萨立像左侧视正射影像图
（馆藏号4160）

图版一一一　铜菩萨立像右剖面影像图（馆藏号4160）

0　　2厘米

图版一一二　铜菩萨立像左前视正射影像图
（馆藏号4160）

0　　2厘米

图版一一三　铜菩萨立像右前视正射影像图
（馆藏号4160）

0　　2厘米

图版一一四　铜菩萨立像背面正射影像图（馆藏号4160）

0　　2厘米

图版一一五　北魏立菩萨铜像各面连续线描图（馆藏号4160）

图版一一六　铜菩萨立像3D影像图（馆藏号4160）
（请戴3D眼镜观看效果）

图版一一七　铜佛像背光三维影像图（馆藏号4158）

图版一一八　铜佛像背光三维模型图（馆藏号4158）

图版一一九　铜佛像背光正面正射影像图（馆藏号4158）

图版一二〇　铜佛像背光左侧视正射影像图
（馆藏号4158）

图版一二一　铜佛像背光左前视正射影像图
（馆藏号4158）

0   2厘米

图版一二二　铜佛像背光右前视正射影像图
（馆藏号4158）

0   2厘米

图版一二三　铜佛像背光背面正射影像图（馆藏号4158）

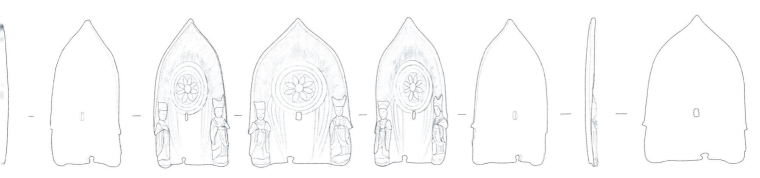

0   2厘米

图版一二四　北魏铜造像背光各面连续线描图（馆藏号4158）

图版一二五　铜佛像背光3D影像图（馆藏号4158）
（请戴3D眼镜观看效果）

图版一二六　铜菩萨立像三维影像图（馆藏号4157）

图版一二七　铜菩萨立像三维模型图（馆藏号4157）

图版一二八　铜菩萨立像正面正射影像图（馆藏号4157）

图版一二九　铜菩萨立像左侧视正射影像图
（馆藏号4157）

图版一三〇　铜菩萨立像右侧视正射影像图
（馆藏号4157）

图版一三一　铜菩萨立像背面正射影像图（馆藏号4157）

图版一三二　铜菩萨立像左前视正射影像图
（馆藏号4157）

图版一三三　铜菩萨立像右前视正射影像图
（馆藏号4157）

图版一三四　铜菩萨立像左后视正射影像图
（馆藏号4157）

图版一三五　铜菩萨立像右后视正射影像图（馆藏号4157）

图版一三六　隋代立菩萨铜像各面连续线描图（馆藏号4157）

图版一三七　铜菩萨立像3D影像图（馆藏号4157）
（请戴3D眼镜观看效果）

图版一三八　隋开皇十四年铜佛坐像三维影像图
（馆藏号4162）

图版一三九　隋开皇十四年铜佛坐像三维模型图
（馆藏号4162）

图版一四○　隋开皇十四年铜佛坐像正面正射影像图
（馆藏号4162）

图版一四一　隋开皇十四年铜佛坐像左侧视正射影像图
（馆藏号4162）

图版一四二　隋开皇十四年铜佛坐像右侧视正射影像图
（馆藏号4162）

图版一四三　隋开皇十四年铜佛坐像左前视正射影像图
（馆藏号4162）

图版一四四　隋开皇十四年铜佛坐像右前视正射影像图
（馆藏号4162）

图版一四五　隋开皇十四年铜佛坐像左后视正射影像图
（馆藏号4162）

图版一四六　隋开皇十四年铜佛坐像右后视正射影像图
（馆藏号4162）

图版一四七　隋开皇十四年铜佛坐像
背面正射影像图（馆藏号4162）

图版一四八　隋开皇十四年铜佛坐像
左侧剖面影像图（馆藏号4162）

图版一四九　隋开皇十四年铜佛坐像
右侧剖面影像图（馆藏号4162）

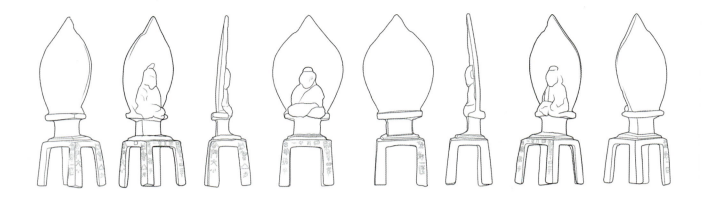

图版一五〇　隋开皇十四年坐佛铜像各面连续线描图（馆藏号4162）

图版一五一　隋开皇十四年铜佛坐像
3D影像图（馆藏号4162）
（请戴3D眼镜观看效果）

图版一五二　铜佛坐像三维影像图
（馆藏号4161）

图版一五三　铜佛坐像三维模型图
（馆藏号4161）

图版一五四　铜佛坐像正面正射影像图（馆藏号4161）

图版一五五　铜佛坐像左侧视正射影像图（馆藏号4161）

图版一五六　铜佛坐像右侧视正射影像图（馆藏号4161）

图版一五七　铜佛坐像左前视正射影像图（馆藏号4161）

图版一五八　铜佛坐像右前视正射影像图（馆藏号4161）

图版一五九　铜佛坐像左后视正射影像图（馆藏号4161）

图版一六〇　铜佛坐像右后视正射影像图（馆藏号4161）

图版一六一　铜佛坐像右后视正射影像图（馆藏号4161）

0   2厘米

图版一六二   铜佛坐像左侧剖面影像图（馆藏号4161）

0   2厘米

图版一六三   铜佛坐像右侧剖面影像图（馆藏号4161）

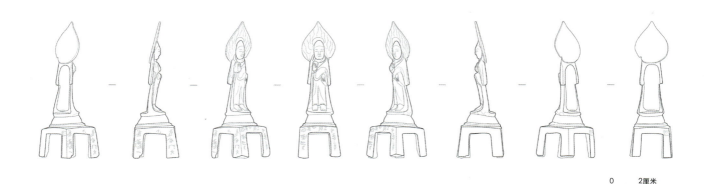

0   2厘米

图版一六四   隋仁寿二年立佛铜像各面连续线描图（馆藏号4161）

图版一六五   铜佛坐像3D影像图（馆藏号4161）

（请戴3D眼镜观看效果）

图版一六六　薛李石窟航拍崖壁正射影像图

图版一六七　薛李石窟航拍崖壁三维影像图

图版一六八　薛李石窟航拍崖壁三维模型图

图版一六九　薛李石窟航拍崖壁三维线框图

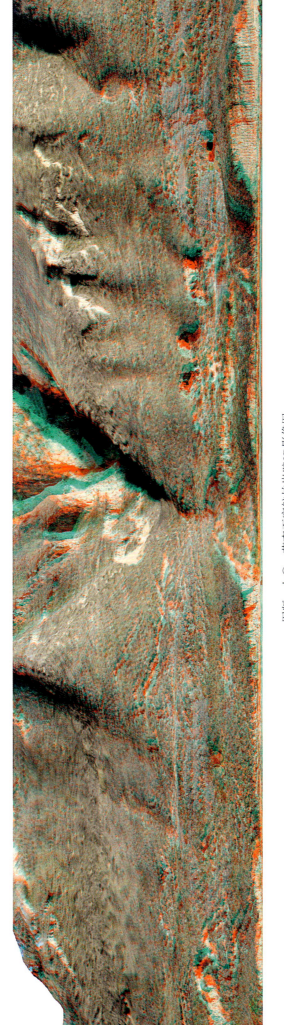

图版一七〇　薛孚石窟航拍崖壁3D影像图
（请戴3D眼镜观看效果）

图版一七一　薛李石窟1号窟三维影像图

图版一七二　薛李石窟1号窟三维模型图

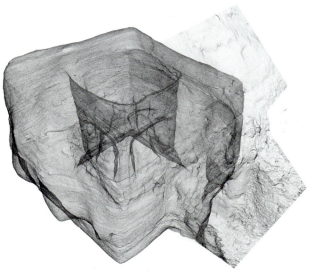

图版一七三　薛李石窟1号窟三维线框图

图版一七四　薛李石窟1号窟窟外立面影像图

图版一七五　薛李石窟1号窟窟底俯视剖视影像图

图版一七六　薛李石窟1号窟窟顶仰视剖视影像图

图版一七七　薛李石窟1号窟平面正射影像图

图版一七八　薛李石窟1号窟西壁立面影像图

图版一七九　薛李石窟1号窟北壁立面影像图

图版一八〇　薛李石窟1号窟南壁立面影像图

图版一八一　薛李石窟1号窟东壁立面影像图

图版一八二　薛李石窟1号窟西壁截面影像图

图版一八三　薛李石窟1号窟北壁截面影像图

图版一八四　薛李石窟1号窟南壁截面影像图

图版一八五　薛李石窟1号窟东壁截面影像图

图版一八六　薛李石窟1号窟中心柱三维影像图

图版一八七　薛李石窟1号窟中心柱三维模型图

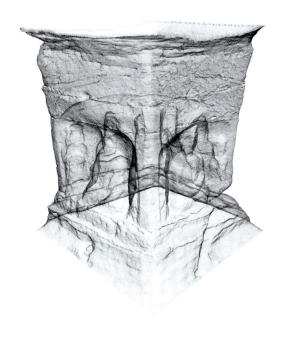

图版一八八　薛李石窟1号窟中心柱三维线框图

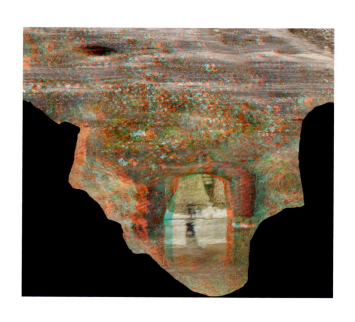

图版一八九　薛李石窟1号窟3D影像图
（请戴3D眼镜观看效果）

图版一九〇　薛李石窟1号窟中心柱东壁3D影像图
（请戴3D眼镜观看效果）

图版一九一　薛李石窟1号窟中心柱东壁立面影像图

图版一九二　薛李石窟1号窟中心柱东壁立面剖视影像图

0   60厘米

图版一九三　薛李石窟1号窟中心柱南壁3D影像图　　　　图版一九四　薛李石窟1号窟中心柱南壁立面影像图
（请戴3D眼镜观看效果）

0   1米

图版一九五　薛李石窟1号窟中心柱南壁立面剖视影像图

图版一九六　薛李石窟1号窟中心柱北壁3D影像图
（请戴3D眼镜观看效果）

图版一九七　薛李石窟1号窟中心柱北壁立面影像图

图版一九八　薛李石窟1号窟中心柱北壁立面剖视影像图

0   60厘米

图版一九九　薛李石窟1号窟中心柱西壁3D影像图
（请戴3D眼镜观看效果）

图版二〇〇　薛李石窟1号窟中心柱西壁立面影像图

0   1米

图版二〇一　薛李石窟1号窟中心柱西壁立面剖视影像图

图版二〇二　薛李石窟2号窟三维影像图

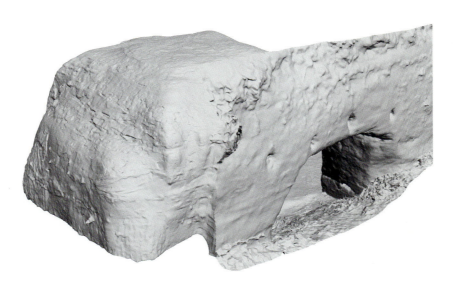

图版二〇三　薛李石窟2号窟三维模型图

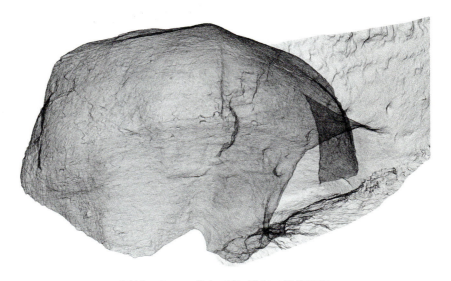

图版二〇四　薛李石窟2号窟三维线框图

0　　　　　　　　　　　　　　　1米

图版二〇五　　薛李石窟2号窟窟外立面影像图

0　　　　　　　　　　　　　　　1米

图版二〇六　　薛李石窟2号窟俯视影像图

图版二〇七　薛李石窟2号窟仰视影像图

北

图版二〇八　薛李石窟2号窟平面正射影像图

图版二〇九 薛李石窟2号窟3D影像图
（请戴3D眼镜观看效果）

0   1米

图版二一〇 薛李石窟2号窟东壁立面影像图

图版二一一　薛李石窟2号窟南壁立面影像图

图版二一二　薛李石窟2号窟北壁立面影像图

图版二一三　薛李石窟2号窟西壁立面影像图